Abitur-Box
Englisch

Prüfungs- und Basiswissen der Oberstufe

Impressum

www.tandem-verlag.de

Autoren: Rudolf Beck, Dieter Götz, Thomas Herbst, Roland Zimmermann
Projektkoordination: Silke Gerlach, Königswinter
Umschlaggestaltung: Marlies Müller, Königswinter

Printed in Germany

1 Einiges vorweg ...

1.1 Allgemeine Hinweise

Wenn das Abitur immer näher rückt, wird die Zeit zur Behebung der einen oder anderen Wissenslücke unweigerlich immer knapper. Der Prüfungsstoff türmt sich zu einem Berg auf, der höher und höher wächst, und manchmal scheint es fast unmöglich, all das wirklich oder vermeintlich erforderliche Wissen auch nur ansatzweise zu speichern. In dieser Situation hilft nur eins: Kühlen Kopf bewahren und die noch verbleibenden Monate so arbeitsökonomisch wie möglich zu nutzen. Dabei möchte Ihnen dieses Buch helfen.

Natürlich ist klar, dass die Versäumnisse aus neun Jahren Englischunterricht sich nicht in ein paar Wochen einholen lassen. Ein bisschen früher müssen Sie mit Ihren Vorbereitungen also schon anfangen – idealerweise mindestens zu Beginn des zweiten Halbjahrs in der Kursphase. Aber gleichgültig, wie knapp die Zeit auch immer ist: Zielgerichtetes, systematisches Lernen und sichere Unterscheidung von wichtigen und weniger wichtigen Dingen führt in jedem Fall zu größerer Effektivität.

Wir konzentrieren uns ganz bewusst auf die unbedingt notwendigen Techniken und Vorgehensweisen bei der Prüfungsvorbereitung. Für alle, die mehr Zeit investieren wollen – und können – ist im Anhang eine Liste mit empfehlenswerter Literatur zusammengestellt. Sie leistet auch nützliche Dienste, wenn es um einzelne Spezialgebiete geht.

Wir wünschen Ihnen Erfolg bei der Arbeit und hoffen, dass sich die Lektüre für Sie als lohnend erweist.

1.2 Was soll ich lernen?

Die Frage »Was soll ich lernen?« ist relativ leicht zu beantworten, wenn man sie auf die ersten vier, fünf Jahre Englischunterricht bezieht. Irgendwie soll man natürlich den »Stoff« lernen, der in den Lektionen der Lehrbücher enthalten ist. Zwar ist es leider meist nicht so, dass man nach den ersten vier, fünf Jahren den präsentierten »Englisch-Stoff« beherrscht, aber immerhin weiß man doch, was man zur Vorbereitung auf eine Klassenarbeit oder auf andere Prüfungen tun sollte (oder hätte tun sollen). In den folgenden Jahren des Englischunterrichts an der Schule ist es dann oft so, dass die einen gut in Englisch sind und bleiben; die anderen hingegen sind und bleiben, wie man sagt, schlecht. Schlechte Noten in einer Fremdsprache müssen aber nicht als Schicksal hingenommen oder mit mangelnder Sprachbegabung (zur Selbst-Entschuldigung) begründet werden. Für das Erlernen einer Sprache braucht man nicht mehr als eine ganz normale Gedächtnisleistung und ein ganz normales Abstraktionsvermögen, dazu Übung und Motivation.

Eine gewisse Gedächtnisleistung und ein gewisses Abstraktionsvermögen wird jeder für sich reklamieren können. Mit Übung und Motivation ist es eine andere Sache. Man übt meist nur dann ausreichend und gern, wenn man Freude an etwas hat und Erfolg dabei. Bei manchen hält sich allerdings die Freude in Bezug auf das Englische in engen Grenzen.

Dabei weiß jeder: Gute Englischkenntnisse werden in sehr vielen Studiengängen und Berufen als absolut selbstverständliche Voraussetzung angesehen. Der Zugang zu einem großen Teil der natur- und wirtschaftswissenschaftlichen Fachliteratur ist nur über das Englische möglich. Die Berufspraxis in allem, was irgendwie mit Handel oder Entertainment oder Kommunikation zu tun hat, verlangt praktisch anwendbare Englischkenntnisse. Die Grundlagen dazu werden in der Schule erworben und durch das Abitur dokumentiert. Sechs oder sieben Punkte (oder gar weniger) in Englisch zeigen deutlich, dass man keine vernünftige Grundlage hat. Und jedes Mal, wenn man sich irgendwo bewirbt und das Abiturzeugnis vorlegen muss, wird dies erneut dokumentiert, obwohl Noten bekanntlich nicht immer ein genauer Spiegel dessen sind, was jemand kann.

Hieraus ergibt sich, dass man es als Lernende(r) mit zwei Bereichen zu tun hat. Einmal handelt es sich um eine angemessene Beherrschung des Englischen, die allgemein gefordert oder vorausgesetzt wird. Zum anderen handelt es sich um die Beherrschung der Prüfungstechniken. In den anschließenden Kapiteln werden wir daher darstellen,

- wie man die »Fakten« einer Fremdsprache als Lernender ermitteln kann,
- wie man sie sich einprägen kann,
- und schließlich, wie man sie am besten in der Prüfungssituation anbringt.

Eine Warnung sei noch angefügt: Sprechen und Verstehen, Schreiben und Lesen in der Fremdsprache sind »Fertigkeiten«. Diese müssen geübt und gefestigt werden, und dies braucht Zeit. Man kann sich solche Fertigkeiten nicht in kurzer Zeit durch intensives Lernen einpauken (zwei Stunden täglich, beginnend sechs Wochen vor dem Abitur). Es ist sinnvoll und zweckmäßig, über einen längeren Zeitraum hinweg – möglichst von Beginn der Kollegstufe an – zu lernen, immer kontinuierlich und wiederholend, und durchaus nur kurze Zeit, eine Art leichtes Intervalltraining.

1.3 Texte als Grundlage

Stellen wir uns ein Telefongespräch zwischen einem Londoner und dessen schottischem Freund vor, in dessen Verlauf die folgenden zwei Sätze vorkommen (für unsere Zwecke zunächst in der deutschen Entsprechung): *»Wie ist denn das Wetter dort oben ?« – »Ach, es regnet viel in der letzten Zeit«.* Und auf Englisch: *"What's weather like up there?" – "Oh well, we've had a lot of rain lately."* Die beiden englischen Sätze bilden vom »Wortschatz« her natürlich kein Problem, wir würden sie auch ohne vorherige Kenntnis der deutschen Entsprechung verstehen können. Aber hätten wir die obigen englischen Sätze auch tatsächlich eingesetzt? Ein *"How is the weather there up? "* dürften wir nicht anbieten. "*It has rained* ..." usw. wäre schon sehr unüblich. "*It rains* ..." wäre falsch, *"there has been a lot of rain"* ginge an, jedoch ist "*we've had* ..." das am wahrscheinlichsten zu Erwartende. Ein *"in the last time"* existiert nicht, *"the last time"* wäre beim letzten Mal, auch hieße es dann nicht "*we've had* ..."

Die beiden deutschen Sätze haben also Entsprechungen im Englischen, die – im üblichen Sinne – nicht nur mit Vokabelkenntnissen und Grammatikkonstruktionen zu übersetzen sind. Es dreht sich um »Sprach-Handlungen« und Sachverhalte – die Frage nach dem Zustand des Wetters da oben und die Antwort, dass es viel regnet – Sachverhalte, die im Deutschen und Englischen eben ganz unterschiedlich formuliert werden. Solche Formulierungen kann man in der Fremdsprache nicht zusammenbauen, wenn man sie gerade braucht – man muss sie als Ganzes kennen, es sind die so genannten **Idiome**.

Aufgabe 1: Nehmen Sie die folgenden deutschen Sätze als »Ausdrucksabsicht« und formulieren Sie schnell die wahrscheinlichsten englischen Entsprechungen:
a) Ich muss mir die Haare schneiden lassen.
b) Kommst du mit?
c) Lies doch mal etwas anderes!
d) Ich komme gleich wieder.
e) Für mich sieht das alles gleich aus.

Lösung 1
a) I've got to have my hair cut.
b) Are you coming?
c) Why don't you read something else?
d) I'll be back in a second.
e) To me it all looks the same.

Wenn Sie mit den englischen Entsprechungen Schwierigkeiten hatten, sollten Sie sich nicht darauf herausreden, dass Sie »die Idioms« nicht gewusst haben. Es ist eben einfach so, dass die »gleichen« Sachverhalte, Zustände, Situationen usw. in den beiden Sprachen jeweils verschiedene sprachliche Einkleidung finden, so dass man sich mit Wort-zu-Wort-Entsprechungen (in der Regel) entweder falsch, unverständlich oder missverständlich ausdrückt oder doch recht unüblich.

Die meisten Sachverhalte sind zu komplex, als dass sie nur durch ein einziges Wort bezeichnet werden könnten, sie benötigen mehrere Wörter und meistens werden die gleichen Sachverhalte durch gleiche oder ähnliche Wortfolgen ausgedrückt.

Die Beispiele, die oben genannt wurden, sind der gesprochenen Alltagssprache entnommen. Es ist aber keineswegs so, dass sich solche üblichen Wortfolgen für Sachverhalte nur in der Alltagssprache, finden. Man denke an politische Themen:

- *Im Krisengebiet von X kam es erneut zu Spannungen*
- *der erneute Ausbruch der Streitigkeiten*
- *Beilegung der Konflikte nach zähen Verhandlungen*
- *offene Feindseligkeiten*
- *die Bemühungen um eine friedliche Lösung*
- *den Ansprüchen beider Seiten gerecht werden*
- *das frostige Klima zu Konferenzbeginn*
- *ein für alle Beteiligten annehmbarer Kompromiss ...*

Mithilfe allein von Grammatiken und deutsch-englischen Vokabelgleichungen lässt sich kein einziger dieser Sachverhalte im Englischen formulieren, und wenn man den Inhalt dieser deutschen Wortfolgen auf Englisch wiedergeben will, kann man sich nicht an die deutschen Wörter halten, man muss die entsprechenden englischen Folgen kennen.

Will man einen Text adäquat in einer anderen Sprache wiedergeben, dann setzt das über die Wortfolgen hinaus auch ein gewisses Interesse an Texten, Textsorten und der »Machart« voraus. Eine Sportberichterstattung liest sich anders als ein politischer Leitartikel, ein Kommentar zu einem kulturellen Ereignis oder eine Glosse.

Je mehr wir diesbezüglich lesen (in Deutsch und in Englisch), desto mehr und tiefer prägen sich (bewusst und unbewusst) bestimmte typische Strukturen und Wortabfolgen ein. Ein Sich-Bewusstmachen dieser Wortwahl, der Idiome und Diktion ist dabei sehr hilfreich.

Kommen wir noch einmal am konkreten Beispiel auf die Wortfolgen zurück: Woher soll man sie beispielsweise im Bereich der politischen Verhandlungen, Spannungen usw. kennen? Jede englische oder amerikanische Zeitung ist voll von Berichten hierüber. Drei Artikel z. B. aus dem amerikanischen Magazin NEWSWEEK liefern uns – in Auswahl – Wortfolgen wie:

- *Relations between Russia and Ukraine seem to be growing more testy by the day*
- *heightened in mid-February*
- *now, with peace talks underway*
- *if fighting breaks out in Cuba*
- *both sides are preparing for the next Commonwealth summit*
- *negotiations have focussed on the proposed creation of ...*
- *failure to broker a political solution could have frightening consequences*
- *peace is hanging on a thread in Bosnia and Hercegovina*
- *in the face of worsening conditions ...*

Mit diesem Material können wir einiges anfangen. Tun wir einmal so, als sollten wir einen politischen Kommentar auf Englisch verfassen und nehmen wir den folgenden deutschen Text als »Ausdrucksabsicht« für diesen Kommentar.

- *... Angesichts der sich verschlechternden Bedingungen wurden die Beziehungen zwischen X und Y täglich gespannter. Mitte Februar verschärften sich die Spannungen. Bei einem Ausbruch von Kämpfen hätte mit verheerenden Folgen gerechnet werden müssen. Jetzt aber, wo die Friedensgespräche in Gang gekommen sind, konzentrieren sich die Verhandlungen auf eine politische Lösung ...*

Unter Verwendung des obigen englischen Materials gelangen wir zu folgendem Text:

- *In the face of worsening conditions, relations between X and Y grew more testy by the day. In mid-February tensions heightened. If fighting had broken out, this could have had frightening consequences. But now, with peace talks underway, negotiations are focussing on a political solution ...*

Besonders aussagekräftig ist dieser Text natürlich nicht, aber darauf kommt es hier auch nicht an. Worauf es ankommt ist, dass wir Sachverhalte in üblichem Englisch formuliert haben, dass wir den Stil eines politischen Kommentars höchstwahrscheinlich getroffen haben. Und dass wir sehr sicher sein können, keine Fehler gemacht zu haben. Was will man mehr?

Die so angedeutete Lernmethode sei anhand eines kurzen englischen Texts veranschaulicht. Die Aufgabe besteht darin, herauszufinden, was lernenswert ist.

Man muss ermitteln: Welcher Sachverhalt, welche Ausdrucksabsicht wird wie formuliert? Hätte man selbst auch so formulieren können? Wenn das nicht der Fall ist, hat man etwas Lernenswertes gefunden. Für die Verbesserung des eigenen Wortschatzes gilt: Vom Lesen allein lernt man noch nichts. Wäre das nämlich der Fall, dann müsste jeder, der viel gelesen hat, das Englische mehr oder minder perfekt beherrschen.

Textbeispiel 1

HOW TO RECOGNISE A SAFE CAR

It would be fine if the safety of a car could be measured just by the thickness of its bumpers. But unfortunately, it's not that simple. At first glance, the thick rubber bumpers on a bumper car appear to be safe. But they're effective only up to 5 km/h. At higher speeds, they could even be dangerous – because in a collision, the occupants would be subjected to excessive deceleration forces. And it would be no consolation to the unfortunate occupants that the car itself would remain undamaged. On the contrary, only a precisely pre-calculated, controlled deformation of the auto body can effectively protect an automobile's passengers.

Textbeispiel 2

XXX: Latest state of the art in safety engineering.

In recent years, some of the greatest advances in automobile construction have been made in the area of safety engineering – although, normally, little evidence of this is actually visible from the outside. And one car whose safety engineering is the latest state of the art is the new XXX. Hardly ever before has it been possible to calculate occupant safety so precisely, and to turn this calculation into reality, as in the new XXX. But there's more to XXX's new shape than safety. ...

Aus: Newsweek, 11.5.1992, Werbetext. Der Name des Produkts wurde aus urheberrechtlichen Gründen in XXX geändert. Zum Text gehört die Abbildung eines »bumper car«, wie beim Autoskooter verwendet.

Aufgabe 2: Nachdem Sie den Text jetzt wahrscheinlich kurz überflogen haben, lesen Sie ihn noch einmal. Überlegen Sie, was die einzelnen Sätze/Satzteile »heißen« könnten – wie sie auf Deutsch formuliert werden könnten. Unterstreichen Sie die Teile des Textes, die Formulierungen enthalten, die Ihnen nicht bekannt oder nicht geläufig waren. Unterstreichen Sie auch solche Teile, die Ihnen »gelungen« vorkommen. Machen Sie sich eine Liste von Textstücken, Wortfolgen, die für Sie – im obigen Sinn – unterstreichenswert erscheinen. Wenn Sie es für erforderlich halten, formulieren Sie die dazugehörigen Übersetzungen. Das müsste eine Liste von Formulierungen ergeben, die Ihnen bislang noch nicht zur Verfügung standen.

Lösung 2: Eine Lösung ist hier nur individuell möglich, folgende Liste könnte aber hilfreich sein: Vielleicht sieht Ihre Liste (auszugsweise) dann so aus:

englisch		deutsch
It would be fine if ...	≈	Es wäre schön, wenn ...
the safety of a car	≈	Sicherheit eines Autos/bei einem Auto
X can be measured by Y	≈	X anhand von Y feststellen, messen
but unfortunately	≈	
It's not that simple	≈	so einfach ist das/geht das nicht
at first glance	≈	zunächst, auf den ersten Blick, auch: oberflächlich betrachtet
effective (up to)	≈	wirksam, nützen bis
at higher speeds	≈	
occupants (of a car)	≈	
it would be no consolation	≈	wäre kein Trost
remain undamaged	≈	unbeschädigt, ohne Schaden, Beschädigung bleiben
on the contrary, only ...	≈	
protect effectively	ª	wirksam schützen

Wahrscheinlich haben Sie einiges übersehen. In dem Text sind z. B. englische Formulierungen enthalten, die im Deutschen die folgenden Entsprechungen haben: *»von außen sieht man davon wenig; den letzten Stand der Dinge, der Entwicklung darstellen; aber das ist noch nicht alles; bislang war es kaum möglich; ein wichtiger Fortschritt bei etwas.«* Gewusst oder übersehen? Eigentlich spielt es aber keine Rolle, wie viele solcher Einheiten Sie aus einem Text herausziehen: Wichtig ist, dass Sie so viele Texte wie möglich nach dem vorgestellten Prinzip auswerten.

Die so gefundenen Mehrwort-Einheiten sind Lernmaterial, das Sie in ein größeres Heft notieren oder in eine Kartei aufnehmen sollten. Dabei sind die oben mit angegebenen Übersetzungen in manchen Fällen überflüssig – die Bedeutung der meisten Phrasen ist ersichtlich, und es kommt ja nur auf die Phrasen an. Dieses Lernmaterial braucht nicht systematisch gepaukt zu werden, es genügt ein wiederholtes Durchlesen.

Wenn Sie die Phrasen in ein Heft notieren, hat das gegenüber einer Kartei einen bestimmten Vorteil: Die Einheiten aus einem Text stehen hintereinander und ergeben eine Art Skelett; auf diese Weise kann man sich später noch erinnern und die Phrasen der Textsorte zuordnen. Zumindest erinnert man sich daran, ob es sich um einen Werbetext, einen Stadtführer oder einen politischen Essay handelte, und hat so Anhaltspunkte für den stilistischen Wert der Phrasen.

Wenn Sie Texte nach dieser Methode bearbeiten, legen Sie sich damit zugleich eine sehr sinnvolle, thematisch gebundene Wortschatzsammlung an. Und Sie kommen relativ schnell zu Versatzstücken, bei deren Anwendung Sie sicher sein können, dass sie sprachlich korrekt sind, gleichgültig ob Sie sprechen, einen Aufsatz schreiben oder übersetzen.

Je nach Bedarf kann man Texte unter verschiedenen Gesichtspunkten verwerten, z. B. im Hinblick auf Grammatik (Present Perfect in *In recent years, advances have been made; Hardly ever before has it been possible*). Schon wenige Seiten eines argumentativen Textes liefern einen Großteil der beliebtesten »links«, wie *moreover, additionally, to sum up, similarly, likewise, as was already pointed out* usw.

Wenn man Material so im Hinblick auf die individuellen Kenntnislücken sammelt, lernt man effektiver als mit Vokabelsammlungen.

Es ist Ihnen sicher aufgefallen, dass einzelne, unbekannte Wörter bei der vorgestellten Methode keine Rolle gespielt haben. Natürlich kann man dem Werbetext (mithilfe des Wörterbuchs) auch entnehmen, wie *»Karosserie, Bremskraft, Sicherheitstechnik«* zu übersetzen sind. Das so genannte Vokabellernen ist für den Grundwortschatz unentbehrlich, wir gehen im nächsten Kapitel noch ausführlicher darauf ein. Doch darf man das Lernen von Vokabeln (und einigen Grammatikregeln) nicht mit dem Spracherwerb gleichsetzen.

Nur über ein Lernen im Kontext kann man allmählich den Gebrauchswert der Wörter feststellen, ermitteln, mit welchen anderen Wörtern sich ein bestimmtes Wort häufig verbindet. Und dabei erfährt man auch, dass sich ein Wort einer Sprache in den meisten Fällen nicht durch eine einzige Übersetzung in ein Wort einer anderen Sprache in seiner Bedeutung festlegen lässt. Wenn eine Gleichung wie *safety = Sicherheit* gelernt wird, ist abzusehen, dass *safety* fälschlich für *security* gesetzt wird. Wenn dagegen *safety* als *safety of a car, safety of a method* gelernt werden, fühlt man sich genötigt, bei anderen »Sicherheiten« im Wörterbuch nachzuschlagen (*security, protection, certainty, cover* usw.).

Das Lernen von Textstücken aus Texten hat einen eminenten prüfungstechnischen Vorteil: Man kann mit Einheiten operieren, von denen man weiß, dass sie sprachlich korrekt und damit fehlervermeidend sind.

Somit bleibt festzuhalten, dass das Lernen einer Vokabel an sich nur das absolute Minimum darstellt. Die richtige Anwendung, das heißt die Idiomatik ist ein weiterer unabdingbarer Schritt zur aktiven »Beherrschung« der Sprache. (Dieses wird von den Schülerinnen und Schülern oft missachtet.)

2 Wortschatz

2.1 Wörter lernen, aber wie?

Wenn man die zentralen Wörter in einem Text nicht kennt, kann man den Text natürlich auch nicht verstehen, und ohne ein ausreichend großes Vokabular kann man auch nicht gut schreiben. Ohne Wörterlernen geht gar nichts. Wenn zentrale Wortschatzlücken erst einmal beseitigt sind, wird sehr vieles sehr viel einfacher. Deshalb muss jede Nachholarbeit im Englischen beim Wörterlernen ansetzen.

Für einen schnellen Erfolg beim Wörterlernen sind folgende Voraussetzungen wichtig:

- Man muss die richtigen **Hilfsmittel** verwenden.
- Man muss wissen, **welche Wörter** man lernen soll, und was man über sie wissen muss.

Wörterlernen ist langweilig und die meisten Menschen müssen sich mehr oder weniger dazu zwingen. Deshalb ist es wohl am besten, wenn man sich für jeden Tag ein festes Pensum vornimmt, das groß genug ist, um langfristig Erfolg zu bringen, das aber klein genug ist, um »erträglich« zu bleiben und um Wiederholungen zu ermöglichen. Man geht am besten von zwei Phasen aus, einer Erarbeitungsphase und der eigentlichen Lernphase.

Für die Erarbeitungsphase braucht man zusammenhängende Zeit, mindestens eine halbe Stunde, höchstens vielleicht eine Stunde (weil es sonst zu monoton wird). Je nach Bedarf und Dringlichkeit sollte man ein bis drei solche Erarbeitungsphasen pro Woche vorsehen.

Für das eigentliche Lernen der Wörter ist wichtig, dass man dauernd wiederholt. Sich dieselben Wörter und Formulierungen immer wieder vor Augen zu führen, ist ganz entscheidend für den Lernerfolg. Deshalb dürfen diese Lernphasen ruhig kurz sein, solange sie häufig sind. Jeden Tag (mindestens) zehn oder fünfzehn Minuten englische Vokabeln anzuschauen, bringt sicher mehr als eine Stunde am Stück in der Woche. Aber auch diese kurzen Phasen müssen geplant sein: zehn Minuten im Bus oder der Straßenbahn, zehn Minuten nach dem Essen, vor dem Fortgehen, in der Badewanne oder vor dem Einschlafen.

2.1.1 Welche Wörter?

Entscheidend für einen schnellen Erfolg beim Wörterlernen ist nicht nur, dass man regelmäßig und systematisch Wortschatzarbeit betreibt, sondern auch, dass man die »richtigen« Wörter lernt.

Wer erhebliche Lücken im englischen Grundwortschatz hat, sollte zunächst diese schließen. Das kann am besten durch das Durcharbeiten einer entsprechenden Wortschatzsammlung (→ Literaturverzeichnis, Seite 183 ff.) geschehen.

Nach dem Erwerb des Grundwortschatzes ist es nicht mehr sinnvoll, Wortfelder (z. B. alle Wörter für »lachen«) oder Sachfelder (alle Autoteile, alle Beeren, alle Hunderassen) systematisch zu lernen. In Kapitel 1 wurde bereits gezeigt, dass das »Lernmaterial« aus Texten zu holen ist. Allerdings sind nicht alle Wörter gleich wichtig.

Jeder anspruchsvolle Text enthält wahrscheinlich eine große Zahl von unbekannten Wörtern. Diese muss man nun aber nicht alle lernen, jedenfalls nicht alle gleichermaßen: Wenn man nicht weiß, dass *budgerigar* »Wellensittich« und *foolish guillemot* »Trottellumme« heißt, ist das beileibe kein Zeichen dafür, dass man nicht Englisch kann, wohl aber, wenn man die Bedeutung von *attempt* oder *acquire* nicht kennt.

Warum? Zum einen gibt es Wörter, die für das normale alltägliche Leben wichtig sind und daher wesentlich häufiger vorkommen als andere, und darum sollte man diese eben auch eher kennen. Und zum anderen gibt es Wörter, die für das Verständnis eines Textes entscheidender sind als andere, die man vielleicht schlechter aus dem Kontext erschließen (bzw. raten) kann als andere.

Daraus folgt, dass man – wenn man von einem Text ausgeht – zunächst einmal alle diejenigen Wörter systematisch erarbeiten sollte,

- die einem irgendwie bekannt vorkommen, von denen man aber nicht genau weiß, was sie bedeuten,
- die häufiger vorkommen und
- die für das Textverständnis zentral sind.

! **Literaturhinweis: Wer sich genauer über das Lernen im Allgemeinen informieren will, dem seien die beiden folgenden Bücher empfohlen:**
F. Vester, Denken, Lernen, Vergessen
R. Kleinschroth, Sprachen lernen, der Schlüssel zur richtigen Technik
Sehr empfehlenswert zur Problematik des Vokabellernens speziell im Englischen ist das Buch: *Michael Swan, Practical English Usage*

2.1.2 Was muss man über ein Wort wissen?

Beim Wörterlernen ist wichtig, was man über ein Wort wissen muss. In den Texten, die in der Schule behandelt werden, kommen viele Wörter vor, die man kennen muss, um den Text zu verstehen. Aber nicht alle diese Wörter muss man selbst verwenden können. Daraus ergibt sich die Unterscheidung von aktivem und passivem Wortschatz. Sie hat erhebliche Konsequenzen in Bezug darauf, was man sich zu einem Wort merken muss:

- Für den **passiven Wortschatz** genügt es eigentlich, die »Bedeutung« zu kennen. Wörter, die einer sehr gehobenen Stilebene angehören, braucht man nur passiv zu beherrschen. Die Wörterbücher geben entsprechende Hinweise (z. B. als *formal, literal* oder *old-fashioned*).
- Beim **aktiven Wortschatz** sollte man neben der Bedeutung auch wissen, welcher Stilebene ein Wort (oder eine Phrase) zuzurechnen ist und vor allem, in welchen grammatischen Konstruktionen es vorkommt. Man muss wissen, dass es *enjoy learning new words* und nicht ~~*enjoy to learn new words*~~ heißt. Wenn man sich da nicht sicher ist, muss man die gesamte Konstruktion, das heißt im Kontext, aufschreiben – auch das ist Wörterlernen (weil Wörter eben in Konstruktionen vorkommen).

Für die Erarbeitung des Wortschatzes aus Texten bedeutet dies, dass man entscheiden muss, ob ein Wort aktiv oder passiv zu beherrschen ist. Entsprechend macht man sich wenige oder ausführliche Notizen. Um die richtige Entscheidung zu treffen, braucht man einige Übung und Erfahrung. Fragen Sie im Zweifelsfall im Unterricht nach.

2.1.3 Wie lerne ich Vokabeln am sinnvollsten?

Wie soll man die erarbeiteten Informationen speichern und lernen? Im Wesentlichen gibt es drei Möglichkeiten, die Sie natürlich kennen:

- Wortschatzliste bzw. Vokabelheft
- Wortschatzkartei (auf Karteikarten)
- Wortschatzdatei (im Computer)

Alle diese Methoden haben Vor- und Nachteile. Außerdem lernen nicht alle Menschen auf dieselbe Weise. Es muss wohl jede(r) selbst entscheiden, was am meisten Spaß macht und am effektivsten ist.

Vokabelhefte

Vokabelhefte sind die klassische Methode, Wörter zu lernen. Sie haben allerdings einige Nachteile:

- Man schreibt natürlich meist nur das englische und das deutsche Wort auf. Das ist für den aktiven Wortschatz viel zu wenig, weil die Konstruktionen vernachlässigt werden.
- Dadurch, dass man die Spalten immer wieder von oben nach unten durcharbeitet, besteht eine gewisse Gefahr, dass man die Reihenfolge in beiden Spalten auswendig gelernt hat und deshalb irrigerweise schon meint, die Wörter zu können.
- Da man manche Wörter schneller lernt als andere, liest man viel zu viel Text, um die noch fehlenden Wörter zu wiederholen.

Als Vorteil von Vokabelheften ist zu nennen:

- Wenn man textbezogen exzerpiert, bleibt die Herkunft der Wörter aus einem bestimmten Text erkennbar.

Vokabelkartei

Die Nachteile des traditionellen Vokabelhefts lassen sich mit einer Wortschatzkartei vermeiden. Eine Kartei ist ein wesentlich flexibleres Instrument als ein Vokabelheft.

- Identifikation des Wortschatzes
  - Der erste Schritt besteht darin, die Wörter zu identifizieren, die in die Kartei aufgenommen werden. Es empfiehlt sich, beim Lesen eines Textes die unbekannten Wörter zunächst nur zu markieren (um nicht dauernd das Lesen zu unterbrechen).
  - Es ist wichtig, wie in Kapitel 1 gezeigt worden ist, in die Kartei nicht nur Wörter, sondern auch Wendungen oder Versatzstücke für Formulierungen aufzunehmen, eventuell in einer anderen Farbe.
- Anlegen der Karteikarten

  Für die **Vorderseite** der Karteikarte ist die Aufnahme folgender Angaben sinnvoll:
  - Wort, Wortart
  - Aussprache, wenn nötig
  - eventuell unregelmäßige Formen
  - Satz(teil), in dem das Wort vorkommt
  - Angaben zur Konstruktion durch Kürzel (+ V-ING oder + to-INF etc.) oder besser noch per Beispiel (enjoy living, refuse to admit etc.). Solche Angaben liefert das einsprachige Wörterbuch (→ Literaturverzeichnis, Seite 183 ff.).
  - alles, was einem spontan als sinnvoll auffällt, also z. B. Angaben zum Stil.

Auf die **Rückseite** kommen Bedeutungsangaben, falls notwendig. Wie ausführlich ein Wort behandelt wird, hängt damit zusammen, wie wichtig es unter den oben genannten Gesichtspunkten erscheint.

- **Lernen** mit der Wortschatzkartei hat folgende Vorteile gegenüber einem Vokabelheft
  - Man kann die Karten mischen, sodass die Wörter nicht immer in derselben Reihenfolge erscheinen.
  - Die Wörter, die man nach einigen Durchgängen beherrscht, können aussortiert und vorläufig weggelassen werden: Damit kann man sich auf die Wörter konzentrieren, die man noch lernen muss.
  - Auf diese Weise kann man den durchzuarbeitenden Stapel laufend reduzieren.
  - Die weggelegten Karten sollten aber trotzdem regelmäßig wiederholt werden!
  - Dieser Lernvorgang sollte – wie oben angedeutet – (mehrmals) täglich stattfinden, kann aber relativ kurz sein. Die schwierigsten Wörter 10 Minuten vor dem Einschlafen noch einmal anzuschauen, kann sehr viel bringen (und mehr als ein Vokabelheft, das man gelangweilt weglegt, weil man das meiste dann doch schon kann).

Wichtig ist, dass man eine Systematik zur Durcharbeitung der Kartei hat – wie häufig man Wörter wiederholen soll und in welchem Zeitabstand sich Gesamtdurchgänge durch die Kartei empfehlen. Wenn die praktische Durchführung dann doch unter der eigenen Inkonsequenz etwas leidet, ist das nicht so tragisch, denn man muss die Kartei auch nicht verabsolutieren! Das Wesentliche an einer Kartei ist, dass man selbst entscheiden kann, wie viel Information man zu einem Wort braucht und in welche Schwierigkeitsstufe (oft wiederholen, manchmal wiederholen, selten anschauen) man es einordnet.

Computer

Im Buchhandel sind digitale Wörterbücher für die Wortschatzarbeit erhältlich, aber wenn man sich eine eigene Datei anlegt, kann man sich auf die Wörter konzentrieren, die für einen selbst wichtig sind. Die Arbeit mit dem Computer ist vergleichbar mit dem Lernen nach dem Karteikartensystem.

2.2 Wörterbücher

2.2.1 Einsprachige und zweisprachige Wörterbücher

Die »richtigen« Informationen, die man auf die Karteikarte schreibt oder in das Computerprogramm eingibt, findet man im Wörterbuch. Wörterbücher sind aber auch in der Prüfung eine außerordentlich wichtige Hilfe: Was man nicht weiß, kann man ja nachschlagen. Für die Prüfung ist am wichtigsten, dass man gelernt hat, dass das (zur Klausur oder zum Abitur zugelassene einsprachige) Wörterbuch nicht nur eine Hilfe zum Verständnis des Textes, also zum Erschließen von Bedeutungen, darstellt, sondern auch ganz wesentlich dazu beitragen kann, beim Schreiben Fehler zu vermeiden. Das setzt Sensibilität für fehlerträchtige Passagen voraus. Damit man in der Prüfung aber vom Wörterbuch etwas hat, muss man darüber hinaus damit umgehen können, und das muss man vorher zu Hause üben.

Es steht fest,

- dass nur wenige Schülerinnen und Schüler mit ihrem Wörterbuch umzugehen verstehen, obwohl dies jahrelang geübt wird, und
- dass etwa 30 bis 40 Prozent der beim Verfassen von Texten gemachten Fehler vermieden werden könnten, wenn die richtigen Dinge im Wörterbuch nachgeschlagen würden!

Die Benutzung des Wörterbuchs ist nichts Selbstverständliches, sondern erfordert einige Einarbeitung, aber diese Mühe zahlt sich aus.

Prinzipiell ergänzen sich zweisprachige und einsprachige Wörterbücher.

- Für **Bedeutungsangaben** empfiehlt es sich, ein **zweisprachiges** Wörterbuch zu verwenden. Dies darf nicht zu klein und zu oberflächlich, aber auch nicht zu umfassend sein (siehe Literaturverzeichnis, Seite 85 ff.).
- Wörterbücher mögen im Einzelfall zu viele Übersetzungsmöglichkeiten angeben, die man nicht alle lernen muss. Es ist aber darauf zu achten, nicht nur die erste Bedeutung im Wörterbuch überhaupt anzuschauen, weil ein Wort durchaus mehrere sehr wichtige Bedeutungen haben kann. (So heißt *club* nicht nur »Verein«, sondern auch »Keule«, *coach* nicht nur »Kutsche«, sondern auch »Bus«, umgekehrt »Bus« eben nicht nur *bus*.) Also den Wörterbucheintrag erst gründlich lesen und dann eine sinnvolle Auswahl treffen!
- **Einsprachige Wörterbücher** (→ Literaturverzeichnis, Seite 183 ff.) sind vor allem für die **Übersetzungen** aus der Fremd- in die Muttersprache geeignet (und sollten daher bei der Erarbeitung einer Vokabelkartei oder -datei verwendet werden). Sie

umschreiben die Bedeutung eines Wortes. Im Unterschied dazu bieten zweisprachige Wörterbücher »nur« Übersetzungsmöglichkeiten oder -wahrscheinlichkeiten an.

- Einsprachige Wörterbücher haben aber gegenüber zweisprachigen auch andere große Vorteile:
  - Sie enthalten wesentlich mehr **Beispiele.**
  - Sie enthalten genaue Angaben zur **Verwendung** eines Wortes und insbesondere zu **grammatischen Konstruktionen.** Dort finden sich oft Angaben wie +V-ING oder +to-INF, die unbedingt auf die Karteikarte gehören. Ein Nachteil kann jedoch sein, dass Unbekanntes durch Unbekanntes erklärt wird.

Obwohl alle diese Wörterbücher – also OXFORD ADVANCED LEARNER'S DICTIONARY (ALD), COLLINS COBUILD ENGLISH LANGUAGE DICTIONARY (COBUILD), LONGMAN DICTIONARY OF CONTEMPORARY ENGLISH (DCE) – einen sehr hohen Standard für sich in Anspruch nehmen können, hat jedes seine besonderen Stärken. Da zudem jedes dieser Wörterbücher trotz großer Ähnlichkeiten doch anders strukturiert ist, ist es dringend erforderlich, sich mit dem Aufbau des benutzten Wörterbuchs eigens zu beschäftigen.

Das COLLINS COBUILD ENGLISH LANGUAGE DICTIONARY z. B. gibt in einer Extraspalte grammatische Informationen und Synonyme sowie Antonyme; Synonyme sind im LONGMAN DICTIONARY OF CONTEMPORARY ENGLISH (DCE) durch Großbuchstaben hervorgehoben usw. Damit muss man sich vertraut machen; man muss z. B. auch wissen, wie die Einträge angeordnet sind, ob sie alphabetisch aufgelistet werden oder ob Wortfamilien zusammengefasst werden.

Die Abkürzungen, die die einzelnen Wörterbücher verwenden, muss man sich im Vorwort anschauen, sich auch merken, wo man sie schnell findet. Wenn man einmal weiß, dass eine Abkürzung wie »U« für *uncount noun* steht, schreibt man eben keinen falschen Plural wie ~~*advices*~~ für »Ratschläge« mehr.

2.2.2 Wobei hilft ein Wörterbuch?

Offenbar glauben die meisten Benutzerinnen und Benutzer von Wörterbüchern, das Wörterbuch diene »nur« dazu, dass man die Bedeutungen von Wörtern nachschlagen könne. Dem ist aber nicht so: Einsprachige Wörterbücher enthalten auch sehr viele Informationen, die für die Produktion von Sprache nützlich sein können. Für den mündlichen Vortrag lohnt es sich, die Aussprache einiger Wörter nachzuschlagen. Für die Textverfassung ist das einsprachige Wörterbuch wichtig, da es Angaben zur Orthografie, zu unregelmäßigen Verb- oder Pluralformen, zum Stil und zur Konstruktion von Wörtern macht.

Doch ein gutes Wörterbuch hat noch weitaus mehr zu bieten. So sollte man außerdem wissen, dass

- Stilangaben einen Hinweis darauf geben können, ob man ein Wort nur passiv (besonders wenn es als »formal« gekennzeichnet ist) oder auch aktiv lernen soll,
- die Beispielsätze – und die oft besonders hervorgehobenen festen Wendungen – sehr viel über den Gebrauch eines Wortes sagen,
- *usage notes* wertvolle Hinweise auf mögliche Fehlerquellen enthalten.

Man muss aber auch wissen, was man nicht weiß, sodass man nachschlagen muss: Natürlich soll man nicht so unsicher werden, dass man alles nachschlägt, aber es kann sich schon lohnen, manches von dem, was man geschrieben hat, nachzuprüfen. Das gilt z. B. für die Orthografie: Fehler wie ~~*adress*~~ statt *address* lassen sich so leicht vermeiden. Viele Fehler entstehen auch dadurch, dass man nicht weiß, ob ein Verb mit einem *to*-Infinitiv oder der *ing*-Form konstruiert wird, oder welche Präposition nach ihm steht. Angaben zur Konstruktion von Wörtern finden sich in jedem guten Lernwörterbuch.

Nachschlagen, welche Bedeutung ein Wort hat

Dass im Wörterbuch Bedeutungen zu finden sind, wissen alle. Zwei Probleme treten aber auf:

- Die Bedeutungsangabe ist schwer zu verstehen. Moderne Wörterbücher versuchen auf verschiedene Weise einfache Definitionen zu geben. Trotzdem bleibt nichts anderes übrig, als Wörter, die man in der Erklärung nicht versteht, noch einmal eigens nachzuschlagen.
- Man liest nur eine Bedeutungsangabe: Fast bei allen Wörtern geben Wörterbücher mehr als eine Bedeutung an. Es genügt keinesfalls, nur die Erste zu lesen und sich damit zufrieden zu geben, wenn man nicht absolut sicher sein kann, dass es bereits die gesuchte Bedeutung ist. Bedeutung und Übersetzung können von der jeweiligen Konstruktion abhängen, in der das Wort auftritt. So heißt z. B. *Jack was friendly to Jill* »Jack war freundlich zu Jill«, aber *Jill was friendly with Jack* heißt »Jill war mit Jack befreundet«. Man muss den Eintrag zu Ende lesen, um Fehler zu vermeiden!

Zweisprachige Wörterbücher geben oft ein Synonym in der Ausgangssprache an, damit man gleich weiß, für welche Bedeutung Übersetzungsäquivalente gegeben werden.

Nachschlagen, ob es ein Wort gibt

Viele Fehler entstehen dadurch, dass Wörter im Englischen erfunden werden, die es gar nicht gibt. Zum Teil sind das direkte Übertragungen aus dem Deutschen (wie etwa ~~*pattern pupil*~~, das eben nicht die Übersetzung von »Musterschüler« ist oder ~~*boring machine*~~, das nicht die englische Übersetzung von »Bohrmaschine« ist).

Zum anderen werden oft englische Wortbildungsmittel verwendet, die im entsprechenden Fall nicht stimmen, z. B. ~~*uncredible*~~ und ~~*unsecure*~~ statt *incredible* und *insecure*.

Also: Wenn man sich nicht sicher ist, dass es ein Wort tatsächlich gibt, lieber schnell nachprüfen!

Ebenso sollte man nachschlagen, wenn man sich nicht sicher ist, ob man das »richtige« von zwei ähnlichen Wörtern verwendet wie *economic – economical, efficient – effective* oder *comprehensive – comprehensible*. Wörterbücher helfen hier oft nicht weiter, sodass man zu Büchern greifen muss, die sich mit Fehleranalyse beschäftigen (vergleiche Literaturverzeichnis Seite 183 ff.).

Aufgabe 1: Mit welchen Präpositionen werden die folgenden Wörter verwendet?
to agree, to attempt, to decide, to succeed

Aufgabe 2: Werden die folgenden Verben mit einem Infinitiv oder mit der *ing*-Form konstruiert? *to look forward, to manage, to succeed*

Aufgabe 3: Wie sind die folgenden Wörter stilistisch einzuordnen?
to alight, to commence, grub, postprandial, to succumb, vigilance

Lösung 1: *to agree, to attempt to, to decide on, to succeed in*

Lösung 2: *to look forward to seeing, to manage to do, to succeed in doing*

Lösung 3: *to alight (formal), to commence (formal), grub (informal), postprandial (humorous), to succumb (formal), vigilance (formal)*

3 Grammatik

3.1 Vorbereitung

Die Beherrschung der zentralen Grammatikregeln ist wesentlich wichtiger als die Beherrschung seltener Wörter: Während es doch recht unwahrscheinlich ist, dass das Wort *budgerigar* in einem Abiturtext vorkommt, ist es fast nicht zu vermeiden, in der eigenen Textproduktion an den Punkt zu kommen, an dem man wissen muss, ob eine *simple form* oder eine *progressive form* steht.

Deshalb ist eine systematische Wiederholung der Grammatik des Englischen, auch wenn sie im Unterricht der Oberstufe vielleicht manchmal gar keine allzu große Rolle mehr spielt, für die eigene Sprachproduktion sehr wichtig.

Wenig sinnvoll dürfte es sein, irgendeine Grammatik von der ersten bis zur letzten Seite durchzuarbeiten. Entscheidende Kriterien für die Auswahl des zu wiederholenden Stoffes sind:

- welche grammatischen Phänomene in einem Text auftauchen und
- wo eigene Schwächen besonders groß sind.

Letzteres lässt sich aus der Korrektur der Hausaufgaben und Klassenarbeiten ersehen; die Lehrerinnen und Lehrer können dabei sicher auch gute Tipps geben.

An dieser Stelle lässt sich natürlich keine Mini-Grammatik des Englischen anbieten. Zum Wiederholen benötigt man eine gute Grammatik (→ Literaturverzeichnis, Seite 183 ff.). Auch da lohnt es sich immer wieder, die Lehrerinnen oder Lehrer um Rat zu bitten, weil sie sicher am besten beurteilen können, welche Hilfsmittel für den jeweiligen Kurs oder den Leistungsstand am geeignetsten sind.

Ebenso wichtig wie die Grammatik sind Übungsbücher. Das bloße Lesen und Lernen von Grammatikregeln hilft relativ wenig, man muss das erworbene Wissen auch in Übungen immer wieder anwenden.

! Literaturhinweis: **Eine umfangreiche Darstellung der englischen Grammatik mit Theorie und sehr vielen Übungen finden Sie in:**
Roland Zimmermann »Basiswissen Englisch« Band 1 bis 3

3.2 Sind Sie sicher in der Grammatik? – Ein kurzer Test.

Gehen Sie nun den folgenden Text genau durch. Es sind 16 Grammatikfehler eingebaut, die ein Schüler am Ende der 7. Jahrgangsstufe herausfinden könnte. Sollten Sie mehr als vier dieser Fehler **nicht** entdecken, ist es höchste Zeit, sich noch einmal mit den wichtigsten Grundlagen der englischen Grammatik vertraut zu machen.

Mustertext zur Fehlersuche

Environmental pollution

Environmental pollution is a problem we have to face for a long time. Everywhere on our planet nature is destroyed at the moment, and there is no solution in sight. Incidents in nuclear power stations or tanker catastrophes have weakened our confidence in science completely. Because of not realizing the dangers concerning pollution, we have not done something serious to counteract this development in the last century. If we will go on like this, Planet Earth will be uninhabitable in no time.

But since some time people have become impatiently with scientists and politicians, feeling that something should be done. Lots of people have started to put pressure on industry indirect by boycotting petrol stations or products of certain companies. By demonstrating, protesters want that politicians change their attitude.

But what can we do ourselves to solve this problems? First of all we must try to reduce our consumption of energy. We must leave our cars in the garage, and walk or go by bike. Additionally, we should only use products who can be recycled. And, of course, only cars should be builded which don't need too much petrol and raw materials. We could also save a lot of energy by insulating our houses better. Although these suggestions sound simply enough, many people do less to change their habits.

But there are other problems to come. Our consumption of raw materials will cause shortages in our energy supply. There will come a time when going by car or by plane will not be easily because we will run out of oil by the year 2020. And despite efforts in research, the creation of new forms of energy is not in sight. Consequently we have to rely on atomic power, a kind of energy with a lot of risks, as the accidents in Harrisburg or Chernobyl showed.

Auf der nächsten Seite finden Sie den Text mit Markierungen und im Anschluss daran Kommentare zu den Fehlern.

Lösung

Environmental pollution

Environmental pollution is a problem we have to face for a long time. Everywhere on our planet nature is destroyed at the moment, and there is no solution in sight. Incidents in nuclear power stations or tanker catastrophes have weakened our confidence in science completely. Because of not realizing the dangers concerning pollution, we have not done something serious to counteract this development in the last century. If we will go on like this, Planet Earth will be uninhabitable in no time.

But since some time people have become impatiently with scientists and politicians, feeling that something should be done. Lots of people have started to put pressure on industry indirect by boycotting petrol stations or products of certain companies. By demonstrating, protesters want that politicians change their attitude.

But what can we do ourselves to solve this problems? First of all we must try to reduce our consumption of energy. We must leave our cars in the garage, and walk or go by bike. Additionally, we should only use products who can be recycled. And, of course, only cars should be builded which don't need too much petrol and raw materials. We could also save a lot of energy by insulating our houses better. Although these suggestions sound simply enough, many people do less to change their habits.

But there are other problems to come. Our consumption of raw materials will cause shortages in our energy supply. There will come a time when going by car or by plane will not be easily because we will run out of oil by the year 2020. And despite efforts in research, the creation of new forms of energy is not in sight. Consequently we have to rely on atomic power, a kind of energy with a lot of risks, as the accidents in Harrisburg or Chernobyl showed.

Erklärung der Fehler im Einzelnen

- Zeile 1: richtig wäre: … *we have **had** to face for a long time …*
  Begründung: *present perfect* für Handlungen, die in der Vergangenheit anfangen und immer noch andauern (leicht zu erkennen durch das Signalwort *for*)
- Zeile 2: richtig wäre: … *nature is **being** destroyed …*
  present progressive-Form für Handlungen, die im Augenblick stattfinden (leicht zu erkennen durch die Zeitangabe *at the moment*)
- Zeile 4: … *we **did not (didn't)** do …*
  simple past für schon abgeschlossene Handlungen (leicht zu erkennen durch die Zeitangabe *in the last century*)
- Zeile 4: … ***anything** serious …*
  some + Verbindungen normalerweise in Aussagesätzen, *any* + Verbindungen bei Fragen und Verneinungen; auch möglich: *we did nothing serious*

- Zeile 4: *If we* ***go*** *on like this ...*
  nur in Ausnahmefällen *will* im Nebensatz bei Konditionalsätzen (Bedingungssätzen/*if*-Sätzen)
- Zeile 6: *But* ***for*** *some time ...*
  for wird bei einem Zeitraum, *since* bei einem Zeitpunkt verwendet
- Zeile 6: *... people have become* ***impatient*** *...*
  kein Adverb bei Zustandsverben
- Zeile 7: *... to put pressure on industry* ***indirectly***
  Adverb, wenn man fragt »Wie macht jemand etwas?«
- Zeile 8/9: *... want politicians* ***to change***
  nach *to want, to expect* etc. kommt eine Akkusativ + Infinitiv-Konstruktion
- Zeile 10: *... to solve* ***these*** *problems?*
  this/that bei Singular – *these/those* bei Plural
- Zeile 12: *... products* ***which/that*** *can be recycled ...*
  who/that bei Personen, *which/that* bei Dingen
- Zeile 12/13: *... should be* ***built*** *...*
  unregelmäßiges Verb
- Zeile 14: *... sound* ***simple enough≠***
  Doppelfehler: kein Adverb bei Zustandsverben; außerdem: Adjektive, die auf *-ic* enden, enden als Adverb auf *-ically*, in diesem Fall wäre es also *unproblematically*
- Zeile 14: *... many people do* ***little*** *...*
  little heißt »wenig«; *less* ist die Steigerung und heißt »weniger«
- Zeile 17: *... will not be* ***easy*** *...*
  kein Adverb, wenn *to be* das Vollverb des Satzes ist
- Zeile 17/18: *... we* ***will have run*** *out ...*
  future perfect für eine zu einem Zeitpunkt in der Zukunft beendete Handlung (leicht zu erkennen durch *by*)

Wenn Sie die meisten dieser Fehler erkannt haben, können die nächsten Seiten, die sich mit den wichtigsten Grammatikproblemen auseinandersetzen, übersprungen werden. Ansonsten sollten Sie die Kurzfassungen der folgenden Grammatikkapitel mit den jeweiligen Übungen eingehend durcharbeiten. Dies ist jedoch nur als Anregung gedacht und behandelt keinesfalls alle Aspekte oder Ausnahmen. Für intensive Grammatikarbeit empfiehlt sich ein Grammatikübungsbuch, das eine Vielzahl verschiedenster Übungen mit Lösungen beinhaltet.

3.3 *simple past – present perfect*

Regeln

simple past	*present perfect*
◆ in der Vergangenheit abgeschlossene Handlungen	◆ in der Vergangenheit beginnende und immer noch andauernde Handlungen (häufig in Verbindung mit *for* und *since*)
◆ vergangene historische Ereignisse	◆ Handlungen, die in einem noch nicht abgeschlossenen Zeitraum stattgefunden haben *(today, this year etc.)*
	◆ bereits abgeschlossene Handlungen, die Auswirkungen auf die Gegenwart haben (wenn keine Zeitangabe der Vergangenheit vorkommt)
	◆ gerade erst beendete Handlungen in Verbindung mit *just* *(He has just entered the room.)*

Aufgabe 1

Diese Aufgabe befasst sich mit dem *simple past* und dem *present perfect*. Entscheiden Sie hier, welche Zeit verwendet werden muss und warum. Beherrschen Sie die unregelmäßigen Verben? Kennen Sie Signalwörter?

1. I (to be) born in 1955.
2. I (not/to see) my parents for several weeks.
3. Since my first school days I (not/to stop) learning.
4. (You/to see) the film on TV last night?
5. Susan can't find her bicycle. Somebody (to steal it)
6. George is not at home. He (to go) out.
7. There goes the train. We (just/to miss) it.
8. Tim (to lose) his key. He has to buy a new one.
9. (You/to see) Judy recently? No, I last (to see) her two weeks ago.
10. I (not/to have) breakfast this morning.

Lösungen zu Aufgabe 2

1. I **was** born in 1955.
   Begründung: 1955 ist vorbei/abgeschlossen
2. I **haven't seen** my parents for several weeks.
   begann in der Vergangenheit und dauert noch an
3. Since my first school days I **haven't stopped learning.**
   Signalwort *since*: das Erzählte begann in der Vergangenheit und dauert noch an
4. **Did you see** the film on TV last night?
   Signalwort *last night*: das Erzählte ist abgeschlossen
5. Susan can't find her bicycle. Somebody **has stolen** it.
   reicht bis in die Gegenwart; das Rad ist immer noch weg
6. George is not at home. He **has gone out.**
   dauert noch an; George ist noch nicht wieder zu Hause
7. There goes the train. We **have just missed** it.
   ist gerade erst passiert (in Verbindung mit *just*)
8. Tim **has lost** his key. He has to buy a new one.
   dauert noch an; der Schlüssel ist weg
9. **Have you seen** Judy recently? No, I last **saw** her two weeks ago.
   recently: dauert bis zur Gegenwart an; *two weeks ago*: abgeschlossen
10. I **haven't had** breakfast this morning.
    der Morgen dauert noch an
    oder: I **didn't have** breakfast this morning.
    der Morgen ist vorbei

Aufgabe 2

Übersetzen Sie die folgenden Sätze.

1. Ich bin seit zwei Wochen hier.
2. Ich bin seit 1989 hier.
3. Ich bin vor zwei Wochen hier gewesen.
4. Ich habe vor zwei Wochen eine Englischschulaufgabe geschrieben.
5. Wir haben in dieser Woche zwei Schulaufgaben geschrieben.
6. Wir schreiben seit zwei Wochen Schulaufgaben.
7. Er war gerade hier.
8. Er ist gerade hier gewesen.
9. Er war vor einer halben Minute hier.
10. Er ist vor einer halben Minute hier gewesen.

11. Ich habe meine Hausaufgaben nicht gemacht.
    Deshalb muss ich jetzt eine Extra-Übersetzung machen.
12. Tut mir leid, ich habe meine Hausaufgaben gestern nicht gemacht.
13. Ich habe dein Kleid gewaschen, du kannst es jetzt anziehen.
14. Ich habe dein Kleid gestern gewaschen, du kannst es jetzt anziehen.
15. Er lebt seit drei Jahren in New York.
16. »Bist du jemals in New York gewesen?« –
    »Ja, ich habe vor zwei Jahren einige Freunde besucht.«
17. Der Bus ist gerade abgefahren.
18. Der Bus ist vor ein paar Sekunden abgefahren.

Lösungen zu Aufgabe 2

1. Ich bin seit zwei Wochen hier.
   ⇒ I have been here for two weeks.
   in der Vergangenheit beginnende und immer noch andauernde Handlung (trotz des deutschen Präsens)
2. Ich bin seit 1989 hier.
   ⇒ I have been here since 1989.
   in der Vergangenheit beginnende und immer noch andauernde Handlung
3. Ich bin vor zwei Wochen hier gewesen.
   ⇒ I was here two weeks ago.
   in der Vergangenheit abgeschlossene Handlung (trotz des deutschen Perfekts)
4. Ich habe vor zwei Wochen eine Englischschulaufgabe geschrieben.
   ⇒ I had an English test two weeks ago.
   in der Vergangenheit abgeschlossene Handlung
5. Wir haben in dieser Woche zwei Schulaufgaben geschrieben.
   ⇒ We have had two English tests this week.
   Handlung, die in einem noch nicht abgeschlossenen Zeitraum stattgefunden hat
6. Wir schreiben seit zwei Wochen Schulaufgaben.
   ⇒ We have had (have been having) tests for two weeks.
   in der Vergangenheit beginnende und immer noch andauernde Handlung
7. Er war gerade hier.
   ⇒ He has just been here.
   gerade erst beendete Handlung in Verbindung mit *just* (trotz des deutschen Imperfekts); umgangssprachlich auch: *He was just here.*

8. Er ist gerade hier gewesen.
   ⇒ He has just been here.
   gerade erst beendete Handlung in Verbindung mit *just;* umgangssprachlich auch: *He was just here.*
9. Er war vor einer halben Minute hier.
   ⇒ He was here a minute ago.
   in der Vergangenheit abgeschlossene Handlung (Unterschied zu Satz 8: *a minute ago* ist eine Zeitangabe der Vergangenheit ⇒ *simple past*)
10. Er ist vor einer halben Minute hier gewesen.
   ⇒ He was here half a minute ago.
   in der Vergangenheit abgeschlossene Handlung
11. Ich habe meine Hausaufgaben nicht gemacht. Deshalb muss ich jetzt eine Extra-Übersetzung machen.
   ⇒ I haven't done my homework. That's why I have to do an extra translation now.
   bereits abgeschlossene Handlung, die Auswirkungen auf die Gegenwart hat
12. Tut mir leid, ich habe meine Hausaufgaben gestern nicht gemacht.
   ⇒ I'm sorry, but I didn't do my homework yesterday.
   in der Vergangenheit abgeschlossene Handlung (Unterschied zu Satz 11: *yesterday* ist eine Zeitangabe der Vergangenheit ⇒ *simple past*)
13. Ich habe dein Kleid gewaschen, du kannst es jetzt anziehen.
   ⇒ I've washed your dress. You can put it on now.
   bereits abgeschlossene Handlung, die Auswirkungen auf die Gegenwart hat
14. Ich habe dein Kleid gestern gewaschen, du kannst es jetzt anziehen.
   ⇒ I washed your dress yesterday. You can put it on now.
   in der Vergangenheit abgeschlossene Handlung (Unterschied zu Satz 13: *yesterday* ist eine Zeitangabe der Vergangenheit ⇒ *simple past*)
15. Er lebt seit drei Jahren in New York.
   ⇒ He has lived (has been living) in New York for three years.
   in der Vergangenheit beginnende und immer noch andauernde Handlung
16. Bist du jemals in New York gewesen? –
   Ja, ich habe vor zwei Jahren einige Freunde besucht.
   ⇒ Have you ever been to New York?
   in der Vergangenheit beginnende und immer noch andauernde Handlung
   ⇒ Yes I have, I visited some friends two years ago.
   in der Vergangenheit abgeschlossene Handlung

17. Der Bus ist gerade abgefahren.
    ⇒ The bus has just left.
    gerade erst beendete Handlung in Verbindung mit *just*
18. Der Bus ist vor ein paar Sekunden abgefahren.
    ⇒ The bus left a few/a couple of seconds ago.
    in der Vergangenheit abgeschlossene Handlung (Unterschied zu Satz 17: *some seconds ago* ist eine Zeitangabe der Vergangenheit ⇒ *simple past*)

Aufgabe 3

Past tense oder *present perfect*? Setzen Sie die richtigen Zeiten ein.

1. Some decades ago people in Germany (needn't/to worry) about jobs.
2. Because of the excellent economic situation, jobs (even/to offer) to guest workers.
3. But since the early 80s, the situation (to change).
4. Available jobs (to become) scarce.
5. My father (to be) out of work for some years, too.
6. He (to be made redundant) by his company after he had been working there for 25 years.
7. At first he (to be) sure he would get a new job soon.
8. But he soon (to realize) that in times of economic recession it (to be) not very easy to find work again.
9. He (to apply) for dozens of jobs since, but he (to not be) successful.
10. He (just/to get) a letter back from a computer firm telling him that he is simply too old for a job in a high-tech enterprise.
11. Fortunately my mother (to be) lucky enough to find a well-paid job some time ago.
12. So the family (to live) on her income since.

Lösungen zu Aufgabe 3

1. Some decades ago people in Germany **didn't have to worry** about jobs.
   in der Vergangenheit abgeschlossener Vorgang *(Some decades ago)* ⇒ *simple past; needn't* (= nicht brauchen, Hilfsverb) muss mittels der Ersatzform *not to have* to ins *simple past* gesetzt werden
2. Because of the excellent economic situation, jobs **were even offered** *(= Passiv)* to guest workers.
   bezieht sich inhaltlich auf vorhergehenden Satz ⇒ *simple past*
3. But since the early 80s, the situation **has changed**.

Vorgang beginnt in der Vergangenheit *(since the early 80s)* und dauert immer noch an ⇒ *present perfect*

4. Available jobs **have become** scarce.
   bezieht sich inhaltlich auf vorhergehenden Satz ⇒ *present perfect*
5. My father **has been** out of work for some years, too.
   Vorgang beginnt in der Vergangenheit *(for some years)* und dauert immer noch an ⇒ *present perfect*
6. He **was made redundant** *(= Passiv)* by his company after he had been working there for 25 years.
   in der Vergangenheit abgeschlossener Vorgang ⇒ *simple past*
7. At first he **was** sure he would get a new job soon.
   in der Vergangenheit abgeschlossener Vorgang *(In the beginning)* ⇒ *simple past*
8. But he soon **realized** that in times of economic recession it **was not (would not be)** very easy to find work again.
   realize: simple past (abgeschlossener Vorgang) gesetzt werden
   was not: in der Vergangenheit abgeschlossener Vorgang ⇒ *simple past* (wenn man es als Tatsache ansieht, dass es nicht leicht war, einen Job zu finden)
   oder:
   would not be: conditional I bei indirekter Rede (dass es nicht leicht sein würde, einen Job zu finden)
9. He **has applied** for dozens of jobs since, but he **has not been** successful.
   sowohl bei *has applied* wie auch bei *has not been* handelt es sich um Vorgänge, die in der Vergangenheit begannen und immer noch andauern ⇒ *present perfect*
10. He **has just got** a letter back from a computer firm telling him that he is simply too old for a job in a high-tech enterprise.
    gerade abgeschlossener Vorgang in Verbindung mit *just* ⇒ *present perfect*
11. Fortunately my mother **was** lucky enough to find a well-paid job some time ago.
    in der Vergangenheit abgeschlossener Vorgang *(some time ago)* ⇒ *simple past*
12. So the family **has lived (has been living)** on her income since.
    Vorgang beginnt in der Vergangenheit *(since)* und dauert immer noch an ⇒ *present perfect simple* oder *present perfect progressive* (bei *to live* sind beide Formen möglich)

3.4 *progressive*- oder *simple*-Formen?

Regeln

Oft treten Probleme auf wenn man zwischen *simple*- und *progressive*-Formen bei den Zeiten unterscheiden muss. Prinzipiell verwendet man die *simple*-Formen, wenn man auf den bloßen Sachverhalt oder das Ergebnis einer Handlung hinweisen will, die *progressive*-Formen, wenn man die Handlung selbst oder deren Verlauf betonen will (daher auch der Begriff Verlaufsform). Die wichtigsten Regeln für die einzelnen Zeiten:

present progressive ◆ im Augenblick stattfindende Handlungen ◆ zukünftige Handlungen, die festgelegt oder vereinbart sind	*simple present* ◆ öfters, manchmal, nie etc. stattfindende Handlungen ◆ Zustände, die sich nicht ändern; Fakten
past progressive ◆ sich über einen längeren Zeitraum in der Vergangenheit erstreckende Handlungen ◆ in der Vergangenheit stattfindende Handlungen, die von einer anderen unterbrochen werden	*simple past* ◆ vergangene, historische Ereignisse ◆ in der Vergangenheit abgeschlossene wiederholte, einmalige etc. Handlungen
present perfect progressive ◆ → Seite 28 – aber mit Betonung auf dem Verlauf der Handlung	*present perfect simple* ◆ → Seite 28
past perfect progressive ◆ Handlungen, die vor einem anderen Ereignis in der Vergangenheit abgeschlossen wurden mit Betonung auf dem Verlauf der Handlung	*past perfect simple* ◆ Handlungen, die vor einem anderen Ereignis in der Vergangenheit abgeschlossen wurden mit Betonung auf dem Ergebnis der Handlung
future progressive ◆ zu einem bestimmten Zeitpunkt in der Zukunft ablaufende Handlungen ◆ Handlungen, die in der Zukunft passieren werden, weil dies so üblich ist	

Hier einige Beispiele zum besseren Verständnis:

- I **walked** to school yesterday because my car was in the garage.
  Hier verwendet man das *simple past*, weil nur die Tatsache wichtig ist, dass man zu Fuß ging, aber nicht, wie lange man z. B. gebraucht hat.
- I **was walking** down the street when suddenly a car appeared in front of me.
  Hier verwendet man das *past progressive*, weil eine vergangene Handlung von einer anderen unterbrochen wurde.
- I **have been learning** since 2 o'clock. I'm really tired now.
  Hier verwendet man das *present perfect progressive*, weil man den Verlauf der Handlung (das lange Lernen, das der Grund für die Müdigkeit ist) betonen will.
- I **have learned** everything. That's why I'm not afraid of the test.
  Hier verwendet man das *present perfect simple*, weil nur die Tatsache wichtig ist, dass man genügend gelernt hat, und nicht, wie lange man dazu gebraucht hat.

Aufgabe 1

Entscheiden Sie in den folgenden Sätzen einmal, ob das *simple present* oder das *present progressive* eingesetzt werden muss, und versuchen Sie, eine Begründung zu finden (eventuelle *key words*).

1. Sometimes I (to watch) action films, but normally I (to prefer) films about nature and animals.
2. Look, the teacher (to write) something on the blackboard.
3. Mike (not/to be) here, he (to work) late today.
4. I (to hate) cheese, I only (to like) it on pizza.
5. My friend (to visit) me at the weekend.
6. What you (to read) in your English lesson? Is it interesting?
7. Some people (to think) they are irresistible.
8. The sun (to rise) in the east and (to sink) in the west.
9. I (not/to need) my umbrella at the moment. It (not/to rain).
10. The next bus (to go) at 10 o'clock.

Lösungen zu Aufgabe 1

1. Sometimes I **watch** action films, but normally I **prefer** films about nature and animals.
   Signalwörter *sometimes* und *normally* deuten auf Regelmäßigkeit hin
2. Look, the teacher **is writing** something on the blackboard.
   look deutet auf eine momentane Handlung
3. Mike **is not** here, he **is working** late today.
   statisches Verb; begrenzter Zeitraum
4. I **hate** cheese, I only **like** it on pizza.
   beide Male: statisches Verb; bzw. Verben der Emotion: *present simple*
5. My friend **is visiting** me at the weekend.
   geplante/vereinbarte Handlung
6. What **are you reading** in your English lesson? Is it interesting?
   begrenzter Zeitraum
7. Some people **think** they are irresistible.
   statisches Verb
8. The sun **rises** in the east and **sinks** in the west.
   allgemein gültige Feststellung
9. I **don't need** my umbrella at the moment. It **is not raining**.
   statisches Verb; momentaner Ablauf
10. The next bus **goes** at 10 o'clock.
    Fahrplan

Aufgabe 2

Setzen Sie die richtigen Zeiten unter besonderer Berücksichtigung der *simple*- und *progressive*-Formen ein.

1. Judy (to play) in the garden. I can see her from here.
2. We (to discuss) the problem for hours now, but nothing (to change).
3. As usual, we (to spend) our holidays at home next year.
4. Where (you/to sit) when I phoned you?
5. They (to repair) my mobile phone. I can pick it up now.
6. We (not to have) a test yesterday.
7. We (to sing) all yesterday morning . It was really terrible.
8. What (he/to do) all day yesterday?
9. I (to work) in the garden when you come home tomorrow.
10. Look, Dad (to repair) your bike.

11. As they (to look) at the picture for more than 30 minutes, they could remember every detail.
12. My mother (to look) for a good job for years, but so far she (not to find) anything.
13. The teacher (to explain) everything thoroughly. We can do the test easily now.
14. For weeks our teacher (to explain) everything repeatedly, but I still don't understand anything.
15. He was really angry because he (to wait) for his friend for two hours.

Lösungen zu Aufgabe 2

1. Judy **is playing** in the garden. I can see her from here.
   Handlung findet im Augenblick statt ⇒ *present progressive*
2. We **have been discussing** the problem for hours now, but nothing **has changed**.
   have been discussing: Handlung fängt in der Vergangenheit an, dauert immer noch ⇒ *present perfect*; andauernde Zeit der Handlung ⇒ *progressive*
   has changed: Auswirkung einer vergangenen Handlung auf die Gegenwart ⇒ *present perfect*; Ergebnis ist wichtig ⇒ *simple*-Form
3. As usual, we **are spending** our holidays at home next year.
   Handlung, die aus Gewohnheit in der Zukunft stattfindet ⇒ *present progressive*
4. Where **were** you **sitting** when I phoned you?
   vergangene Handlung, die von einer anderen unterbrochen wurde ⇒ *past progressive*
5. They **have repaired** my mobile phone. I can pick it up now.
   vergangene Handlung, deren Ergebnis Auswirkungen auf die Gegenwart hat ⇒ *present perfect simple*
6. We **did not have** a test yesterday.
   in der Vergangenheit abgeschlossene Handlung, bei der die Tatsache, dass ein Test geschrieben wurde, und nicht wie lange er gedauert hat, wichtig ist ⇒ *simple past*
7. We **were singing** all yesterday morning . It was really terrible.
   in der Vergangenheit abgeschlossene Handlung, bei der die Dauer (*all morning*) und das Nervtötende des Singens hervorgehoben wird ⇒ *past progressive*
8. What **was** he **doing** all day yesterday?
   in der Vergangenheit abgeschlossene Handlung, bei der die Dauer (*all day*) hervorgehoben wird ⇒ *past progressive*
9. I **will be** working in the garden when you come home tomorrow.
   zukünftige Handlung, die von einer anderen unterbrochen wird ⇒ *future progressive*

10. Look, Dad **is repairing** your bike.
    im Augenblick stattfindende Handlung (*look*) ⇒ *present progressive*
11. As they **had been looking** at the picture for more than 30 minutes, they could remember every detail.
    vor einem in der Vergangenheit abgeschlossenen Ereignis (*could remember*) stattfindende Handlung, bei der der Verlauf betont wird
    ⇒ *past perfect progressive*
12. My mother **has been looking** for a good job for years, but so far she **has not found** anything.
    has been looking: in der Vergangenheit beginnende und immer noch andauernde Handlung, bei der die Länge des Suchens betont wird (*for years*)
    ⇒ *present perfect progressive*
    has not found: in der Vergangenheit beginnende und immer noch andauernde Handlung, bei der das Ergebnis, dass die Mutter noch keine Arbeit gefunden hat, wichtig ist ⇒ *present perfect simple*
13. The teacher **has explained** everything thoroughly. We can do the test easily now.
    vergangene Handlung mit Auswirkung auf die Gegenwart mit Betonung auf dem Ergebnis der Handlung (wichtig ist, dass der Lehrer alles gut erklärt hat und nicht, wie lange er dazu gebraucht hat) ⇒ *present perfect simple*
14. For weeks our teacher **has been explaining** everything repeatedly, but I still don't understand anything.
    in der Vergangenheit beginnende und bis jetzt andauernde Handlung (*for weeks*) ⇒ *present perfect*; Betonung auf dem Verlauf der Handlung (*again and again*)
15. He was really angry because he **had been waiting** for his friend for two hours.
    vor einem in der Vergangenheit abgeschlossenen Ereignis (*was*) stattfindende Handlung, bei der der Verlauf des langen Wartens betont wird (*angry – for two hours*) ⇒ *past perfect progressive*

3.5 *conditional clauses* (Bedingungssätze, *if*-Sätze)

Regeln

if-clause (Nebensatz)	Hauptsatz
simple present	*will-future* Hilfsverben (*can, must* etc.) ⇒ bezieht sich inhaltlich auf die Zukunft (trotz des *simple present* im Nebensatz)
simple past	*conditional I (would* + Infinitiv*)* *might* + Infinitiv *could* + Infinitiv ⇒ bezieht sich inhaltlich auf die Gegenwart (trotz des *simple past* im Nebensatz)
past perfect	*conditional II* (*would* + *have* + *past participle*) *might* + *have* + *past participle* *could* + *have* + *past participle* ⇒ bezieht sich inhaltlich auf die Vergangenheit oder: *conditional I* (*would* + Infinitiv) *might* + Infinitiv *could* + Infinitiv ⇒ Bedingung des Nebensatzes bezieht sich inhaltlich auf die Vergangenheit, die Folge auf die Gegenwart.

Wichtig: normalerweise kein *will* oder *would* im Nebensatz!

Aufgabe 1

Setzen Sie die richtigen Zeiten ein.

1. If you go to the States for one year, your English (to improve).
2. The children's language would improve if they (to read) more.
3. What will you do if you (not to get) any money?
4. If you had learned more, you (not to be) so nervous now.
5. He would have left school if he (to offer) a job.
6. If my brother (to be) at school yesterday, he would have learned a lot.

7. Where would you go if your parents (to throw) you out?
8. He (must/to drive) more carefully if he wants to pass his driving test.
9. If the doctor had given me the prescription, I (can/to get) the pills now.
10. What (you/to do) if you won a million pounds?
11. Would you have bought the car if you (to give) a ten percent discount?
12. If schools (not to get) better, pupils will have problems in finding a job.
13. We can fly to Mars if we (to build) faster spaceships.
14. What (you/to do) yesterday if you had forgotten your book?
15. I wouldn't go abroad if I (not to have) the money.

Lösungen zu Aufgabe 1

1. If you go to the States for one year, your English **will improve.**
   go = simple present im Nebensatz ⇒ *will-future* im Haupsatz
2. The children's language would improve if they **read** more.
   would improve = Conditional I im Hauptsatz ⇒ *simple past* im Nebensatz
3. What will you do if you **don't get** any money?
   will ... do = will-future im Haupsatz ⇒ *simple present* im Nebensatz
4. If you had learned more, you **wouldn't** be so nervous now.
   had learned = past perfect im Nebensatz ⇒ *conditional I* im Hauptsatz
   (weil wegen *now* klar ist, dass es sich auf die Gegenwart bezieht)
5. He would have left school if he **had been offered** (= Passiv) a job.
   would have left = conditional II im Haupsatz ⇒ *past perfect* im Nebensatz
6. If my brother **had been** at school yesterday, he would have learned a lot.
   would have learned = conditional II im Haupsatz ⇒ *past perfect* im Nebensatz
   (weil es sich wegen *yesterday* auf die Vergangenheit bezieht)
7. Where would you go if your parents **threw** you out?
   would ... go = conditional I im Haupsatz ⇒ *simple past* im Nebensatz
8. He **must drive (will have to drive)** more carefully if he wants to pass his driving test.
   wants = simple present im Nebensatz ⇒ *must* (= Auxiliary) oder *will have* (= die Ersatzform von *must* mit *will-future*) im Hauptsatz
9. If the doctor had given me the prescription, I **could get (would be able to get)** the pills now.
   had given = past perfect im Nebensatz ⇒ *could* + Infinitiv oder *conditional I* im Hauptsatz (wegen *now*)
10. What **would you do** if you won a million pounds?
    won = simple past im Nebensatz ⇒ *would ... do = conditional I* im Hauptsatz

11. Would you have bought the car if you **had been given** (= Passiv) a ten percent discount?
    would ... have bought = conditional II im Haupsatz ⇒ *past perfect* im Nebensatz
12. If schools **don't get** better, pupils will have problems in finding a job.
    will have = will-future im Hauptsatz ⇒ *simple present* im Nebensatz
13. We can fly to Mars if we **build** faster spaceships.
    can fly = Auxiliary im *simple present* im Hauptsatz ⇒ *simple present* im Nebensatz
14. What **would you have done** yesterday if you had forgotten your book?
    had forgotten = past perfect im Nebensatz ⇒ *conditional II* (wegen *yesterday*) im Hauptsatz
15. I wouldn't go abroad if I **didn't have** the money.
    wouldn't go = conditional I im Hauptsatz ⇒ *simple past* Nebensatz

Aufgabe 2

Setzen Sie die richtigen Zeiten ein.

1. She (not to leave) the party yesterday if the music (to be) better.
2. If it (not to rain) yesterday, the streets (to be) dry now.
3. If it (not to rain), the streets (to be) dry yesterday.
4. If the economic situation (not to improve), more and more people (to lose) their jobs in the coming years.
5. You (not to catch) the bus if you (not to hurry) now.
6. What (you/to do) if your parents (not to support) you in future?
7. They (can/to watch) the film now if the beamer (not to be) broken.
8. We (to have) a picnic if the weather (to be) fine tomorrow.
9. If the state (not to support) the poor, the crime rate (to increase) in the coming years.
10. If violence on TV (to restrict) in recent years, young people (not to be) so aggressive nowadays.
11. If we (not to build) environmentally-friendly cars, our planet (to destroy) within the next two centuries.
12. If I (to know) the truth, I (to leave) him a long time ago.
13. Provided I (to get) the job, I (to give) you back the money tomorrow.
14. He (to get) a pay rise now if he (to work) better in the past.
15. They (needn't/to wash) the car yesterday if it (to be) clean.

Lösungen zu Aufgabe 2

1. She **wouldn't have left** the party yesterday if the music **had been** better.
   Gesamtsatz bezieht sich auf die Vergangenheit
   ⇒ *conditional II* im Hauptsatz, *past perfect* im Nebensatz
2. If it **had not rained** yesterday, the streets **would be** dry now.
   Nebensatz bezieht sich auf die Vergangenheit ⇒ *past perfect*
   Hauptsatz bezieht sich auf die Gegenwart ⇒ *conditional I*
   Auch möglich: *The streets would have been dry now.*
3. If it **had not rained,** the streets **would have been** dry yesterday.
   Gesamtsatz bezieht sich auf die Vergangenheit
   ⇒ *past perfect* im Nebensatz, *conditional II* im Hauptsatz
4. If the economic situation **does not improve,** more and more people **will lose** their jobs in the coming years.
   Gesamtsatz bezieht sich auf die Zukunft
   ⇒ *simple present* im Nebensatz, *will-future* im Hauptsatz
5. You **won't catch** the bus if you **don't hurry** now.
   Nebensatz bezieht sich auf die Gegenwart ⇒ *simple present*,
   Hauptsatz bezieht sich auf die Zukunft ⇒ *will-future*
6. What **will you do** if your parents **don't support** you in future?
   Gesamtsatz bezieht sich auf die Zukunft
   ⇒ *will-future* im Hauptsatz, *simple present* im Nebensatz
   Oder auch, *wenn es hypothetisch gemeint ist*: *What would you do if your parents didn't support you in future?*
7. They **could watch (would be able to watch)** the film now if the beamer **was not broken.**
   Gesamtsatz bezieht sich auf die Gegenwart ⇒ *could* + Infinitiv oder *conditional I* der Ersatzform von *could* im Hauptsatz, *simple past* im Nebensatz
8. We **will have** a picnic if the weather **is** fine tomorrow.
   Gesamtsatz bezieht sich auf die Zukunft
   ⇒ *will-future* im Hauptsatz, *simple present* im Nebensatz
9. If the state **does not support** the poor, the crime rate **will increase** in the coming years.
   Gesamtsatz bezieht sich auf die Zukunft
   ⇒ *simple present* im Nebensatz, *will-future* im Hauptsatz

10. If violence on TV **had been restricted** (= Passiv) in recent years, young people **would not be** so aggressive nowadays.
    Nebensatz bezieht sich auf die Vergangenheit ⇒ *past perfect*
    Hauptsatz bezieht sich auf die Gegenwart (*nowadays*) ⇒ *conditional I*
11. If we **do not build** environmentally-friendly cars, our planet **will be destroyed** (= Passiv) within the next two centuries.
    Gesamtsatz bezieht sich auf die Zukunft
    ⇒ *simple present* im Nebensatz, *will-future* im Hauptsatz
12. If I **had known** the truth, I **would have left** him a long time ago.
    Gesamtsatz bezieht sich auf die Vergangenheit
    ⇒ *past perfect* im Nebensatz, *conditional II* im Hauptsatz
13. Provided I **get** the job, I **will** give you back the money tomorrow.
    Gesamtsatz bezieht sich auf die Zukunft
    ⇒ *simple present* im Nebensatz, *will-future* im Hauptsatz
14. He **would get** a pay rise now if he **had worked** better in the past.
    Hauptsatz bezieht sich auf die Gegenwart (*now*) ⇒ *conditional I*
    Nebensatz bezieht sich auf die Vergangenheit ⇒ *past perfect*
    auch möglich: *He would have got a payrise now, ...*
15. They **wouldn't have had** to wash (*needn't* = Hilfsverb, Ersatzform = *not to have to*) the car yesterday if it **had been** clean.
    Gesamtsatz bezieht sich auf die Vergangenheit
    ⇒ *conditional II* im Hauptsatz, *past perfect* im Nebensatz

3.6 Adjektiv – Adverb

Bildung

Adverbien werden normalerweise durch Anhängen von *-ly* ans Adjektiv gebildet:

dim – dim**ly**
great – great**ly**
intelligent – intelligent**ly**

Ausnahmen

- bei auf **Konsonanten + *e*** endenden Adjektiven wird das *-e* durch *-ly* ersetzt:
  possib**le** – possib**ly**
  simp**le** – simp**ly**
- an auf ***-ic*** endende Adjektive wird ***-ally*** angehängt:
  problemat**ic** – problemati**cally**
  econom**ic** – economi**cally**
- bei mehrsilbigen Adjektiven, die auf *-y* enden, wird das *-y* durch *-ily* ersetzt.
  happ**y** – happ**ily**
  angr**y** – angr**ily**
- auf ***-ly*** endende Adjektive haben keine eigenen Adverbformen, sondern werden mit *way* oder *manner* verwendet:
  friend**ly** – in a **friendly way**
  live**ly** – in a **lively manner**

Wichtige Sonderformen

fast (Adj.) – schnell	⇔	fast (Adv.) – schnell
pretty (Adj.) – hübsch	⇔	pretty (Adv.) – ziemlich
good (Adj.) – gut	⇔	well (Adv.) – gut
hard (Adj./Adv.) – schwer	⇔	hardly (Adv.) – kaum

Steigerung

- Adverbien werden normalerweise mit *more/most* gesteigert:
  She drives **more carefully** than him.
  He did the job **more perfectly** than his brother.
- **Ausnahmen**
  a lot – more – the most
  badly – worse – the worst
  early – earlier – the earliest
  little – less – the least

much – more – the most

well – better – the best

Die Anwendung

- Adjektive bezeichnen einen Gegenstand oder eine Person und stehen normalerweise vor einem Substantiv oder alleine bei Zustandsverben (*to look, to taste, to become* etc.) bzw. wenn *to be* das Vollverb in einem Satz ist:
  - *He's got a* ***nice*** *house. (Man fragt: Was für ein Haus hat er? – Ein schönes.)*
  - *He's a* ***good*** *pupil. (Man fragt: Was für ein Schüler ist er? – Ein guter.)*
  - *The soup tastes* ***excellent****.*
  - *He is* ***intelligent****.*
- Adverbien beschreiben, wie jemand etwas macht oder wie etwas passiert. Sie können auch ein anderes Adverb oder ein Adjektiv näher bestimmen:
  - *He did the job perfect****ly****. (Man fragt: Wie hat er die Aufgabe erledigt? – Perfekt.)*
  - *The car was destroyed quick****ly****. (Man fragt: Wie wurde das Auto zerstört? – Schnell.)*
  - *She was real****ly*** *clever. (really = Adverb, clever = Adjektiv)*
  - *He ran real****ly*** *quickly. (really = Adverb, quickly = Adverb)*

Aufgabe 1 – Adjektiv oder Adverb?

1. The storm destroyed our hose (complete).
2. She has been waiting (patient).
3. The English test seems too (difficult).
4. Don't behave (so/silly)!
5. Tom was running (quick) than his friend.
6. Mary was sitting there (quiet).
7. She did the test (good).
8. My little brother understood (little) than me.
9. You shouldn't drive so (fast).
10. They did the last test (fair/bad).
11. That's (absolute) unimaginable.
12. Are you sitting (comfortable)?
13. The assembly line moved (automatic).
14. You worked (good) than me.
15. I feel (good).

Lösungen zu Aufgabe 1

1. The storm destroyed our house **completely.**
   complete bezieht sich auf *destroyed* ⇒ Adverb
2. She has been waiting **patiently.**
   patient bezieht sich auf *has been waiting* ⇒ Adverb
3. The English test seems too **difficult.**
   difficult bleibt ein Adjektiv, da es einen Zustand beschreibt (*to seem*)
4. Don't behave in such **a silly way/manner**!
   silly bezieht sich auf *behave* ⇒ Adverb (keine eigene Adverbform von *silly* ⇒ *silly way/manner*)
5. Tom was running **more quickly** than his friend.
   quick bezieht sich auf *was running* ⇒ Adverb
6. Mary was sitting there **quietly.**
   quiet bezieht sich auf *was sitting* ⇒ Adverb
7. She did the test **well.**
   good bezieht sich auf *did* ⇒ Adverb (unregelmäßige Form)
8. My little brother understood **less** than me.
   little bezieht sich auf *understood* ⇒ Adverb (unregelmäßige Form)
9. You shouldn't drive so **fast.**
   fast bezieht sich auf *shouldn't drive* ⇒ Adverb (unregelmäßige Form)
10. They did the last test **fairly badly.**
    fair bezieht sich auf *badly* ⇒ Adverb
    bad bezieht sich auf *did* ⇒ Adverb
11. That's **absolutely** unimaginable.
    absolute bezieht sich auf *unimaginable* ⇒ Adverb; *unimaginable* bleibt ein Adjektiv, da es einen Zustand beschreibt (*to be* = Vollverb)
12. Are you sitting **comfortably.**
    comfortable bezieht sich auf *sitting* ⇒ Adverb
13. The assembly line moved **automatically.**
    automatic bezieht sich auf *moved* ⇒ Adverb
    (Endung auf *-ic* ⇒ Adverbendung *-ally*)
14. You worked **better** than me.
    good bezieht sich auf *worked* ⇒ Adverb
15. I feel **good.**
    good bleibt ein Adjektiv, da es einen Zustand beschreibt (*to feel*)

Aufgabe 2 – Adjektiv or Adverb?

1. Before the final exams pupils have to work (real/hard).
2. As they haven't got much time, they have to work (economical).
3. Especially during the last days before the exams everything is (pretty/exhausting).
4. (Intelligent) pupils, however, who have been learning very (careful) all the time, (hard) ever worry.
5. For them everything seems (easy).
6. But it is not only (important) to be as (good) as possible in the language itself – you also have to be (good) informed about current developments in politics, economy or social studies.
7. Students should read newspapers (thorough), and (political) commentaries or essays must become a part of their (daily) lives.
8. Only then it is (possible) to write essays (intelligent) as a (general) basic knowledge is (clear) needed to have ideas and to form (sound) opinions.

Lösungen zu Aufgabe 2

1. Before the final exams pupils have to work **really hard.**
   real bestimmt das Adverb *hard* ⇒ *really* (= Adverb)
   hard bezieht sich auf *to work* ⇒ Adverb (keine Veränderung, da bei der Bedeutung »hart« Adjektiv und Adverb die gleiche Form haben)
   Darf nicht mit *hardly* verwechselt werden, das »kaum« bedeutet und hier keinen Sinn ergeben würde.
2. As they haven't got much time, they have to work **economically.**
   economical bezieht sich auf *to work* ⇒ Adverb,
   Endung des Adjektivs auf *-ic* ⇒ Endung des Adverbs auf *-ally*
3. Especially during the last days before the exams everything is **pretty exhausting.**
   pretty bestimmt das Adjektiv *exhausting* ⇒ Adverb
   Form von *pretty* wird nicht verändert
   exhausting bleibt ein Adjektiv, da es einen Zustand beschreibt (*to be* = Vollverb)
4. **Intelligent** pupils, however, who have been learning very **carefully** all the time, **hardly** ever worry.
   intelligent = Adjektiv (Man fragt: »Was für Schüler sind es?«)
   carefully = Adverb (Man fragt: »Wie haben sie gelernt?«)
   hardly = Adverb (im Sinn von »kaum«)
5. For them everything seems **easy.**
   easy bleibt als Adjektiv erhalten, da *to seem* ein Zustandsverb ist

6. But it is not only **important** to be as **good** as possible in the language itself – you also have to be **well** informed about current developments in politics, economy or social studies.
   important und *good* bleiben Adjektive, da sie einen Zustand beschreiben (*to be* = Vollverb); *good* vor *informed* wird zum Adverb *well*, da es das Wort *informed* näher bestimmt
7. Students should read newspapers **thoroughly**, and **political** commentaries or essays must become a part of their **daily** lives.
   thorough bezieht sich auf das Verb *to read* ⇒ Adverb
   political und *daily* beziehen sich auf die nachfolgenden Substantive ⇒ Adjektiv
8. Only then it is **possible** to write essays **intelligently** as a **general** basic knowledge is **clearly** needed to have ideas and to form **sound** opinions.
   possible bleibt ein Adjektiv, da es einen Zustand beschreibt (*to be* = Vollverb)
   intelligent wird zum Adverb, da es sich auf das Verb *to write* bezieht;
   general und *sound* beziehen sich auf die nachfolgenden Substantive ⇒ Adjektiv
   clearly bezieht sich auf das Verb *needed* ⇒ Adverb

3.7 Modale Hilfsverben

Allgemeine Regeln

- Modale Hilfsverben (*modal auxiliaries*) stehen außer bei Kurzantworten und Frageanhängseln (*question tags*) nie alleine.
- Die Grundformen der Hilfsverben dürfen nicht verändert werden. Es darf also z. B. in der dritten Person kein »-s« angehängt werden und sie dürfen auch nicht in der Verlaufsform stehen.
- Hilfsverben werden mit ihrer Grundform nur im Präsens verwendet. Um ein Hilfsverb in eine andere Zeit zu setzen, muss man Ersatzformen verwenden. Hier eine Liste der wichtigsten Ersatzformen

auxiliary	**Bedeutung**	**Ersatzform**
can	können	to be able to (auch: *could* im *simple past*)
	dürfen	to be allowed to (auch: *could* im *simple past*)
may	dürfen	to be allowed to
should/ought to	sollen	to be supposed to
mustn't (must not)	nicht dürfen	not to be allowed to
must	müssen	to have to
needn't (need not)	nicht brauchen	not to have to
	nicht müssen	not to have to

Man darf auf keinen Fall die Bedeutungen von *mustn't* und *needn't* verwechseln. Wie aus obiger Liste hervorgeht, muss man *mustn't* mit »nicht dürfen« übersetzen und darf auf keinen Fall »nicht müssen« dafür einsetzen; »nicht müssen« heißt *needn't*.

Aufgabe 1

Setzen Sie die folgenden Hilfsverben in die in Klammern angegebene Zeit.

1. She can dance well. (present perfect)
2. The pupils may not leave the room during the test. (simple past)
3. The children should be quiet. (simple past)
4. He mustn't drive a car. (past perfect)
5. She can pass the test. (will-future)
6. They must work hard. (simple past)
7. You needn't hurry. (present perfect)
8. She may go out. (past perfect)
9. We can do our homework. (present perfect progressive)
10. They ought to wait for us. (past perfect)

Lösungen zu Aufgabe 1

1. She **has been able** to dance well.
   present perfect von to *have*
2. The pupils **were not allowed to leave** the room during the test.
   simple past von *to be*
3. The children **were supposed to be** quiet.
   simple past von *to be*
4. He **had not been allowed to drive** a car.
   past perfect von *to be*
5. She **will be able to pass** the test.
   will-future von *to be*
6. They **had to work** hard.
   simple past von *to have*
7. You **haven't had to hurry.**
   present perfect von *to have*
8. She **had been allowed** to go out.
   past perfect von *to be*
9. *progressive*-Form bei Hilfsverben nicht möglich.
   present perfect simple: We have been able to do our homework.
10. They **had been supposed to wait** for us.
    past perfect von *to have*

Aufgabe 2 – Übersetzung

1. Wir mussten gestern nicht singen.
2. Ich darf seit zwei Tagen Auto fahren.
3. Sie durfte vor zwei Tagen das Krankenhaus verlassen.
4. Du musst jetzt ins Bett!
5. Ich kann doch morgen deinen Computer benutzen, oder?
6. Sandy brauchte gestern ihre Hausaufgaben nicht zu machen.
7. Die Schüler müssen seit vier Wochen Übersetzungen üben.
8. Weil sie nicht in die Disco gedurft hatte, räumte sie ihr Zimmer nicht auf.
9. Er sollte gestern vor Gericht erscheinen.
10. Du hattest vorgestern nicht abspülen müssen.
11. Er muss heute nicht in die Schule gehen.
12. Sie braucht heute nicht zu lernen.

Lösungen zu Aufgabe 2

1. We **didn't have to sing** yesterday.
   yesterday ⇒ *simple past* von *to have*
   Verneinung ⇒ Umschreibung mit *to do*
2. I **have been allowed to drive** a car for two days.
   for two days = seit zwei Tagen, Vorgang fängt in der Vergangenheit an, dauert immer noch an ⇒ *present perfect* von *to have*
3. She **was allowed to leave** hospital two days ago.
   two days ago = vor zwei Tagen, in der Vergangenheit abgeschlossener Vorgang ⇒ *simple past* von *to be*
4. You **must go** to bed now./You **have to go** to bed now.
   now = jetzt, im Augenblick stattfindender Vorgang
   auch möglich: *You have to go to bed now.*
   auf keinen Fall: ~~*You must to bed now*~~. (Auxiliary darf nicht alleine stehen)
   auf keinen Fall: ~~*You must going to bed now*~~. (keine Verlaufsform bei Hilfsverben)
5. I **can use** your computer tomorrow, **can't I**?
   tomorrow = Zukunft, Auxiliary bleibt erhalten
6. Sandy **didn't have to do** her homework yesterday.
   yesterday ⇒ *simple past* von *to have*
   Verneinung ⇒ Umschreibung mit *to do*
7. The pupils **have had to practise** translations for four weeks.
   for four weeks = seit vier Wochen, Vorgang fängt in der Vergangenheit an, dauert immer noch an ⇒ *present perfect* von *to have*

8. Because she **hadn't been allowed to go** to the disco, she didn't tidy up her room.
   gedurft hatte = Plusquamperfekt ⇒ *past perfect* von *to be*
9. He **was supposed to appear** in court yesterday.
   yesterday ⇒ *simple past* von *to be*
10. You **didn't have to do** the washing the day before yesterday.
11. He **needn't go** to school today.
    today = heute ⇒ *auxiliary* bleibt erhalten
    auf keinen Fall: ~~*He mustn't go to school today*~~; das würde heißen: »Er darf heute nicht in die Schule gehen.«
    auf keinen Fall: ~~*He needn't going to school today.*~~ (keine Verlaufsform bei Hilfsverben)
12. She **needn't learn** today.
    siehe Satz 11: nicht müssen = nicht brauchen
    today = heute ⇒ *auxiliary* bleibt erhalten
    auf keinen Fall: ~~*He mustn't learn today*~~; das würde heißen: »Er darf heute nicht lernen.«
    auf keinen Fall: ~~*He needn't going learn today.*~~ (keine Verlaufsform bei Hilfsverben)

3.8 The Gerund

Bildung

- Aktiv:

Infinitiv + *-ing* (bei Gleichzeitigkeit)	*to beat – beating*
having + past participle (bei Vorzeitigkeit)	*to beat – having beaten*

- Passiv:

being + past participle (bei Gleichzeitigkeit)	*to beat – being beaten*
having been + past participle (bei Vorzeitigkeit)	*to beat – having been beaten*

Verwendung

Das Gerund wird verwendet nach:

- Präpositionen:
  Instead of working *he went to bed.*
  Anstatt zu arbeiten ging er ins Bett.
- Verb + Präposition:
  I ***dream of buying*** *a car.*
  Ich träume davon, ein Auto zu kaufen.
- Adjektiv + Präposition:
  She's ***proud of having*** *passed the test.*
  Sie ist stolz darauf, die Prüfung bestanden zu haben.
- Substantiv + Präposition:
  He liked the ***possibility of going to*** *his father's school.*
  Ihm gefiel die Möglichkeit, die Schule zu besuchen, an der sein Vater (Lehrer) war.
- bestimmten Verben:
  She ***likes being*** *at home.*
  Sie mag es zu Hause zu sein.

Das Problem des Subjekts

- Sind die Subjekte des Hauptsatzes und der Gerund-Konstruktion gleich, fällt im Englischen bei der Gerund-Konstruktion das Subjekt weg:
  Tom *war froh darüber, dass* ***er*** *in der Schule war.*
  Tom *was* ***happy about being*** *at school.*
  (Das deutsche »er« fällt im Englischen weg.)
- Sind die Subjekte des Hauptsatzes und der Gerund-Konstruktion unterschiedlich, wird im Englischen das Substantiv im Nominativ (selten: Genitiv mit Apostroph + s)

oder die Objektform des Personalpronomens (selten das Possessivpronomen) in die Gerund-Konstruktion übernommen:

***Tom** war froh darüber, dass **ich** in der Schule war.*

***Tom** was happy about **me** (my) being at school.*

***Tom** war froh darüber, dass **Mary** in der Schule gewesen war.*

***Tom** was happy about **Mary** (Mary's) having been at school.*

Gerund oder Infinitiv nach bestimmten Verben

Einige Verben haben unterschiedliche Bedeutungen, je nachdem, ob nach ihnen ein Gerund oder ein Infinitiv steht. Hier einige Beispiele:

- **to forget**

  to forget **doing** something: vergessen, dass man etwas getan hat

  to forget **to do** something: vergessen/nicht daran denken, etwas zu tun

- **to stop**

  to stop **doing** something: aufhören, etwas zu tun

  to stop **to do** something: mit etwas aufhören, um etwas anderes zu tun

- **to mean**

  to mean **doing** something: bedeuten, dass etwas getan werden muss

  to mean **to do** something: etwas tun wollen, etwas zu tun beabsichtigen

Aufgabe 1 – Translation

Verwenden Sie – wenn möglich – Gerund-Konstruktionen.

1. Der Verbrecher gab zu, dass er die Tat begangen hatte.
2. Die Schüler hatten es satt, immer langweilige Texte zu lesen.
3. Anstatt zu lernen ging er ins Kino.
4. Der Vater war stolz darauf, dass sein Sohn die Prüfungen bestanden hatte.
5. Er träumt seit Jahren davon ein berühmter Filmstar zu werden.
6. Vergiss nicht, den Brief aufzugeben.
7. Ich werde nie vergessen, wie ich zum ersten Mal unser Haus betrat.
8. Er war enttäuscht darüber, dass sie ihn nicht gesehen hatte.
9. Sie beschwerte sich darüber, dass sie so viel arbeiten musste.
10. Er hat letztes Jahr mit dem Rauchen aufgehört.
11. Könnten sie bitte aufhören, im Restaurant zu rauchen!
12. Er schlug vor ins Theater zu gehen.
13. Es würde mir nichts ausmachen, am Abend in die Schule gehen zu müssen.
14. Er war verrückt danach, Horrorvideos anzuschauen.
15. Würde es Ihnen etwas ausmachen, wenn ich das Fenster aufmache?

Lösungen zu Aufgabe 1

1. The criminal **admitted having committed** the deed.
   having admitted = perfect participle wegen Vorzeitigkeit
2. The pupils **were tired of reading** boring texts all the time.
3. **Instead of learning** he went to the cinema.
4. The father was proud of **his son having** passed the exams.
   his son = anderes Subjekt als im Hauptsatz ⇒ wird Bestandteil der Gerund-Konstruktion
5. For years he **has been dreaming of becoming** a famous film star.
6. **Don't forget to post** the letter.
   Hier muss der Infinitiv stehen (*to post*), da *Don't forget* im Sinn von »Vergiss nicht« und nicht »Vergiss nicht, wie du einmal ...« verwendet wird.
7. I **will** never **forget entering** our house for the first time.
   Hier muss man die ing-Form verwenden, da *forget* im Sinn von »sich an etwas zurückerinnern« verwendet wird.
8. He **was disappointed about her not having seen** him.
   her = anderes Subjekt als im Hauptsatz ⇒ wird Bestandteil der Gerundkonstruktion
   having seen = perfect participle wegen Vorzeitigkeit
9. She **complained about having to** work so much.
   having to = von der Ersatzform von *must* (*to have to*) abgeleitete *ing*-Form
10. He **stopped smoking** last year.
    Man muss die *ing*-Form bei *smoking* verwenden, weil es in der Bedeutung mit »etwas aufhören« verwendet wird.
11. Could you please **stop smoking** in the restaurant!
    Man muss auch hier die *ing*-Form bei *smoking* verwenden, weil es in der Bedeutung mit »etwas aufhören« verwendet wird.
12. He **suggested going** to the cinema.
13. I **wouldn't mind having to go** to school in the evening.
    having to = von der Ersatzform von must (to have to) abgeleitete *ing*-Form
14. He was crazy about watching horror videos.
15. **Would** you mind **me (my) opening** the window?
    me (my) = anderes Subjekt als im Hauptsatz ⇒ wird Bestandteil der Gerund-Konstruktion

Aufgabe 2

Setzen Sie die richtigen Formen der Verben und, wenn nötig, die entsprechenden Präpositionen ein.

1. After hurricane Katrina the inhabitants of New Orleans were angry ... (the Bush Administration/not to handle) the situation responsibly.
2. Many people complained ... (help/to be) insufficient.
3. They accused ... (the government/to be) racist.
4. Lots of casualties might have been prevented by ... (to send) armed forces to the city in time.
5. But parts of the American troops had been concentrating ... (to restore) peace in Iraq.
6. Critics argued that after the 09/11 terrorist attacks much more money had been spent ... (to clear) the damage.
7. President Bush apologized ... (not to do) everything to help the people hit by one of the worst natural catastrophes in the history of the USA.
8. Congress conceded enormous sums of money for ... (to support) the reconstruction of the city.
9. But it will take years ... (to get) things back to normal.
10. And the whole world must consider ... (to reduce) the consumption of fossil fuels in order ... (to reduce) global warming.

Lösungen zu Aufgabe 2

1. After hurricane Katrina the inhabitants of New Orleans were angry **about the Bush Administration not handling** the situation responsibly.
   Bush Administration = anderes Subjekt als im Hauptsatz ⇒ wird Bestandteil der Gerund-Konstruktion
2. Many people complained **about help being** insufficient.
   help = anderes Subjekt als im Hauptsatz ⇒ wird Bestandteil der Gerund-Konstruktion
3. They **accused the government of being** racist.
   the government = anderes Subjekt als im Hauptsatz ⇒ wird Bestandteil der Gerund-Konstruktion
4. Lots of casualties **might have been prevented by sending** armed forces to the city in time.
5. But parts of the American troops **had been concentrating on restoring** peace in Iraq.

6. Critics argued that after the 09/11 terrorist attacks much more money **had been spent on clearing** the damage.
7. President Bush **apologized for not having done** everything to help the people hit by one of the worst natural catastrophes in the history of the USA.
   having done = perfect participle wegen Vorzeitigkeit
8. Congress conceded enormous sums of money **for supporting the reconstruction** of the city.
9. But it **will take** years **to get things** back to normal.
   Nach *to take* (= dauern) folgt eine Infinitiv-Konstruktion.
10. And the whole world **must consider reducing** the consumption of fossil fuels in order to reduce global warming.

3.9 Sonstige Grammatik-Probleme

Völlig überflüssig sind Fehler, die man anhand des in den Schulaufgaben oder Abschlussprüfungen erlaubten *dictionary* kontrollieren kann. Dies betrifft unter anderem folgenden Bereiche:

countable und *uncountable nouns*

Dass es *Could you give me some advice?* und nicht ~~*Could you give me an advice?*~~ heißt, ist auch aus dem Wörterbuch ersichtlich, wo *advice* als [U] für *uncountable* markiert ist.

Präpositionen nach bestimmten Wörtern

Es heißt eben nicht ~~*an attempt of finding*~~, sondern *an attempt at finding* oder *an attempt to find*, nicht ~~*my opinion to this question*~~, sondern *opinion on* usw. Auch diese Informationen sind aus einsprachigen Wörterbüchern ersichtlich.

Unregelmäßige Verbformen oder Pluralformen

Dass Formen wie ~~*catched*~~, ~~*selled*~~ oder ~~*phenomenons*~~ nicht richtig sind, lässt sich ebenfalls aus dem Wörterbuch ersehen, wobei die wichtigsten unregelmäßigen Formen auch in jeder Grammatik aufgelistet sind.

3.10 Tipps

Solange man in den hier behandelten zentralen Bereichen der englischen Grammatik Schwierigkeiten hat, sollte man sich darauf konzentrieren. Die feineren Regeln bzw. die »Ausnahmen« von den wichtigeren Regeln sollte man sich erst dann einprägen, wenn man die »Grundregeln« wirklich beherrscht. Wichtig ist das Bewusstsein, dass man bestimmte Regeln für das Verfassen von Texten unbedingt beherrschen muss. Dringende Aufgabe ist es daher, entsprechende Regeln herauszusuchen und aufzuschreiben.

Ihre persönliche Checkliste

In der Prüfung selbst sollte man den eigenen geschriebenen Text noch einmal nach einer individuellen Checkliste auf »gängige« Grammatikfehler überprüfen. Wenn man diese systematisch auf das anwendet, was man schnell hingeschrieben hat, kann man den einen oder anderen Flüchtigkeitsfehler noch korrigieren.

Diese Checkliste könnte wie folgt aussehen:

- Steht überall ein »s« bei der dritten Person Singular?
- Habe ich nicht doch irgendwo fälschlicherweise im Nebensatz eines Konditionalsatzes ein *will* oder *would*?
- Habe ich überall nachgeprüft, ob man nicht doch ein Adverb anstatt eines Adjektivs verwenden muss?
- Habe ich den »schlimmsten« Zeitenfehler vermieden, nämlich die richtige Unterscheidung zwischen *simple past* und *present perfect*?

Natürlich ließe sich diese Liste noch beliebig erweitern. Sie ist jedoch auch abhängig von den Fehlern, die am Häufigsten in Klausuren auftauchen und deshalb für jeden Schüler individuell verschieden.

4 Die englisch-deutsche Übersetzung

In einigen Bundesländern, wie z. B. in Bayern oder Baden-Württemberg, wird in Klausuren und im Abitur eine deutsch-englische Übersetzungsübung verlangt. Auch wenn Sie zu den »Glücklichen« gehören, die nicht mit diesem Aufgabentyp konfrontiert werden, sollten Sie zumindest die entsprechenden Übungen durcharbeiten, da sie nicht unwesentlich zum besseren Textverständnis beitragen und somit auch bei der Beantwortung von Fragen zum Text oder bei einer *summary* hilfreich sind.

4.1 Grundsätze zu Übersetzungen

- **Übersetzen Sie so genau wie nötig, aber so frei wie möglich.** Man muss sich demzufolge nicht um Gleichheit, sondern um Gleichwertigkeit bemühen.
- **Vermeiden Sie umgangssprachliche Ausdrücke und Formulierungen.** So sollte man z. B. den Satz “*There wasn't a soul to be seen.*” nicht unbedingt mit »*Es war kein Schwein mehr da.*« übersetzen.
- Klären Sie mit Ihrem Kursleiter ab, ob **Spezialtermini, Buchtitel, Namen von politischen Organisationen etc.** zu übersetzen sind. So kann eine Lehrkraft durchaus verlangen, dass Sie den Begriff *EC (European Community)* mit *EG (Europäische Gemeinschaft)* übersetzen müssen, oder – bei sehr enger Auslegung – den Begriff *Bush Administration* nicht übernehmen dürfen, sondern mit *Bush-Regierung* wiedergeben müssen.
- Ein ähnliches Problem taucht bei der **Verwendung von Fremdwörtern** auf. Es gibt zwar kaum noch Lehrkräfte, die so »puristisch« sind, dass sie bei dem Satz “*He initiated the program in 1995.*” für *initiate* nicht die Übersetzung *initiieren* gelten lassen, sondern *auf den Weg bringen* oder *anregen* verlangen, aber bei vielleicht weniger bekannten Fremdwörtern ein deutsches Wort verlangen (z. B. für *prefix* – *Vorsilbe* und nicht *Präfix*, vor allem wenn es im Deutschen noch falsch geschrieben (~~*Prefix*~~) ist.

  Hier noch ein kleiner Tipp: Wenn Sie bei einer Übersetzung absolut nicht auf den deutschen Begriff eines englischen Wortes kommen, es aber wie ein entsprechendes deutsches Fremdwort klingt, dann übernehmen Sie, wenn Ihnen nichts anderes einfällt, diesen Begriff ins Deutsche. Manchmal hat man Glück – und das deutsche Fremdwort gibt es wirklich.

- Lesen Sie nach jedem übersetzten Satz das Geschriebene noch einmal durch und achten Sie darauf, dass er **in korrektem Deutsch** wiedergegeben ist. So vermeiden Sie Fehler, die z. B. durch die automatische Übernahme der englischen **Satzstellung** passieren.
  Der Satz "*However, he could not solve the problem.*" wird oft ungeschickterweise mit »*Jedoch, er konnte das Problem nicht lösen.*« übersetzt. Das Wort *jedoch* muss hier natürlich in den Satz eingebaut werden *(Er konnte das Problem jedoch nicht lösen.)*. Selbst wenn diese Fehler vielleicht nur als halbe Fehler angestrichen werden, sind sie ärgerlich, weil sie nicht auf mangelndem Wissen, sondern auf Oberflächlichkeit beruhen und deshalb vermieden werden könnten.

- **Vergessen Sie keine Abschnitte oder Sätze.** Selbst wenn nicht jedes Wort eines ausgelassenen Satzes als Fehler gezählt wird, käme es in einem solchen Fall zu einer Fehlerhäufung, die nicht unbedingt sein muss.

- Wenn Sie während einer Klausur oder Abschlussprüfung unter **Zeitnot** geraten, heben Sie sich die Übersetzung keinesfalls zum Schluss auf. Eine fehlende Passage in einer Übersetzung fällt weit schwerer ins Gewicht als ein fehlender Inhalts-Punkt bei einer Frage zum Text oder bei einer *summary*.

- Auch wenn Sie einen Satz aufgrund **unbekannter Wörter oder Konstruktionen** nur zum Teil oder überhaupt nicht verstehen, bringen Sie zumindest das aufs Papier, was sie übersetzen können, um eine Reduzierung der Fehlerzahl zu erreichen.

- Achten Sie bei der Übersetzung im Deutschen auch darauf, dass Sie die richtigen **Interpunktionsregeln** anwenden. Dies ist vor allem bei der Kommaregel sehr wichtig. Viele Schülerinnen und Schüler lassen häufig bei Konsekutivsätzen (dass-Satz) und Relativsätzen die Kommas weg. Es ist für eine Lehrkraft nervtötend, bei der Korrektur immer wieder Satzzeichen verbessern oder einsetzen zu müssen und es wird in Zweifelsfällen an anderer Stelle, wo es vom Wohlwollen der Lehrkraft abhängt, einen Fehler anzustreichen oder nicht, vielleicht zu Ihren Ungunsten entschieden werden. Außerdem kann eine Häufung derartiger Nachlässigkeiten, vor allem wenn sie sinnentstellend sind, durchaus als Fehler gewertet werden.

4.2 *False friends*

Nachfolgend eine Liste so genannter *false friends*, also von Wörtern, die deutschen Wörtern ähnlich sind, aber eine andere Bedeutung haben. Diese Liste ist nicht nur für Übersetzungen wichtig, sondern auch für alle anderen Aufgabenteile.

	actual(ly)	wirklich, tatsächlich, eigentlich
≠	aktuell	*current, topical, up-to-date, in fashion*
	ambulance	Krankenwagen
≠	Ambulanz	*outpatient department, health care centre*
	artist	Künstler
≠	Artist	*circus performer*
	bank	Bank (Geld)
≠	Bank	zum Sitzen: *bench* oder Kirchenbank: *pew*
	to become	werden
≠	bekommen	*to get, to receive*
	billion	Milliarde
≠	Billion	*trillion*
	to boil	kochen (auf 100° erhitzen)
≠	Essen kochen	*to cook*
	box	Schachtel
≠	(Lautsprecher-)Box	*loudspeaker/speaker*
	chef	Küchenchef, Chefkoch
≠	der Chef	*boss, head, director*
	Christ	Christus
≠	der Christ	*Christian*
	Christendom	Christenheit
≠	Christentum	*Christianity*
	concern	Anliegen, Sorge
≠	Konzern (Betrieb)	*group of companies, corporate group*
	confession	Geständnis, Beichte
≠	Konfession	*denomination*
	consequent(ly)	folglich, folgend
≠	konsequent	*consistent, systematic*
	critic	Kritiker
≠	Kritik	*critique, criticism, review*
	decent	anständig
≠	dezent	*discreet, unobtrusive, soft*

	delicate	heikel, zart, fein, delikat (nur im Sinn von heikel, schwierig)
≠	delikat	z. B. bei Speisen: *delicious*
	dome	Kuppel
≠	Dom	*cathedral*
	engaged	verlobt, besetzt (z. B. Telefon)
≠	engagiert	*committed*
	eventual(ly)	schließlich, endlich
≠	eventuell	*perhaps, possible*
	gift	Geschenk
≠	Gift	*poison*
	gymnasium (gym)	Turnhalle
≠	Gymnasium	*grammar school, high school, secondary school*
	map	Karte (Landkarte)
≠	Mappe, Aktentasche	*briefcase*
	meaning	Bedeutung
≠	Meinung	*opinion*
	menu	Speisekarte
≠	Menü	*dinner, set meal*
	mess	Unordnung
≠	Messe	Kirche: *mass*; Ausstellung: *fair*
	murder	Mord
≠	Mörder	*murderer*
	to overhear	zufällig hören
≠	überhören	*to ignore, not to hear*
	to overtake	überholen
≠	übernehmen	*to take over*
	pension	Rente, Pension
≠	Pension	zum Übernachten: *boarding-house, guest house, bed-and-breakfast place*
	photograph	Fotografie
≠	Fotograf	*photographer*
	pregnant	schwanger
≠	prägnant	*concise*
	principal	Haupt-, hauptsächlich
≠	prinzipiell	*of/on/in principle*
	prospect	Aussicht
≠	Prospekt	*brochure, prospectus, leaflet*
	recipe	Kochrezept
≠	ärztliches Rezept	*prescription*

	self-conscious	befangen, gehemmt
≠	selbstbewusst	*self-confident*
	sensible	vernünftig
≠	sensibel	*sensitive*
	serious	ernst
≠	seriös	*respectable, reliable*
	smoking	das Rauchen
≠	der Smoking	*dinner jacket*
	to spend	ausgeben, verbringen
≠	spenden	*to donate*
	stream	Bach, Flüsschen
≠	Strom	*river*
	strong	stark
≠	streng	*strict*
	sympathetic	mitfühlend
≠	sympathisch	likeable
	warehouse	Lagerhaus
≠	Warenhaus	Supermarkt: *department-store*
	undertaker	Leichenbestatter
≠	Unternehmer	*entrepreneur*
	voice	Stimme (Sprache)
≠	Stimme (bei Wahlen)	*vote*
	to wear	tragen (Kleidung)
≠	tragen	von Gegenständen: *to carry*

4.3 Musteraufgaben

Aufgabe 1

> Though there still exists a lot of racial tension in South Africa, a social phenomenon is on the rise: black and white dating. The barriers that once stopped black and white youngsters from socialising are coming down fast in many parts of the country.
>
> Mixed dating, however, is still practised only by a small minority of the student population, and by no means on all campuses. It is virtually out in the North.
>
> The overwhelming pattern of interracial dating is black boy with white girl. To many black men, going out with a white girl is a symbol of success. For many girls, interracial dating is very stimulating. Surprisingly, it is the white woman who is the aggressor.

Kommentierte Lösung zu Aufgabe 1

- Though there still exists a lot of racial tension in South Africa, a social phenomenon is on the rise: black and white dateing.
  ⇒ Obwohl es in Südafrika immer noch viele Rassenspannungen gibt, trifft man ein soziales Phänomen immer häufiger an: Treffen* zwischen Schwarzen und Weißen.
  * statt »Treffen« kann natürlich auch mit »Verabredungen« übersetzt werden. Ob hier der moderne Begriff der »Dates« akzeptiert wird, hängt von der jeweiligen Lehrkraft ab.

- The barriers that once stopped black and white youngsters from socialising are coming down fast in many parts of the country.
  ⇒ Barrieren, die früher schwarze und weiße Jugendliche davon abhielten, miteinander in Kontakt zu kommen* werden in vielen Teilen des Landes immer weiter abgebaut.
  * auch möglich: »... abhielten, gegenseitige Kontakte zu knüpfen«; aber keinesfalls »sich zu sozialisieren«, diesen Begriff gibt es in diesem Zusammenhang nicht; übrigens ein schönes Beispiel dafür, dass man Fremdwörter nicht immer übernehmen kann.

- Mixed dating, however, is still practised only by a small minority of the student population, and by no means on all campuses. It is virtually out in the North.
  ⇒ Treffen zwischen den verschiedenen Rassen[1] gibt es jedoch immer noch nur bei einer kleinen Minderheit der Studentenschaft[2] und schon gar nicht auf jedem Campus[3]. Im Norden gibt es sie praktisch[4] nicht.
  1 nicht: »gemischte Treffen«!
  2 alternativ: ... werden jedoch immer noch nur von einer kleinen Minderheit der Studentenschaft praktiziert
  3 alternativ: Hochschulgelände
  4 auch hier ergäbe die Übernahme des Fremdworts »virtuell« überhaupt keinen Sinn – ein weiteres Beispiel dafür, dass man bei Fremdwörtern immer sehr vorsichtig sein sollte.

- The overwhelming pattern of interracial dating is black boy with white girl.
  ⇒ Das vorherrschende Muster von Verabredungen zwischen Schwarzen und Weißen[1] sind Verabredungen zwischen einem schwarzen Jungen[2] und einem weißen Mädchen[3] .
  1 nicht: »interrassisch« oder »zwischenrassisch«
  2 hier auch möglich: »Mann«
  3 hier auch möglich: »Frau«

- To many black men, going out with a white girl is a symbol of success.
  ⇒ Für viele schwarze Männer ist es ein Erfolgssymbol, wenn sie mit einer Weißen ausgehen.

- For many girls, interracial dating is very stimulating.
  ⇒ Für viele Mädchen ist es sehr anregend (stimulierend) sich mit andersfarbigen Männern zu treffen.

- Surprisingly, it is the white woman who is the aggressor.
  ⇒ Das Überraschende dabei ist, dass es die weiße Frau ist, die dabei die Initiative ergreift.*
  * auch: »... die dabei den ersten Schritt macht«; aber auf keinen Fall »... die der Aggressor ist«. Wiederum ein Beispiel dafür, dass man nicht jedes Fremdwort übernehmen darf.

Aufgabe 2

The most important election for president in my lifetime is over, except of course that it wasn't the most important. That distinction goes to the Johnson/Goldwater election of 1964, in which two opposing views of US policy confronted each other at a turning point in American history. Senator Barry Goldwater was one of only six Republican senators to oppose the Civil Rights Act of that year; he opposed Lyndon B. Johnson's nuclear non-proliferation treaty and suggested nuclear weapons be considered for use in Vietnam; and he denounced LBJ's Medicare programme as socialism. So decisive was that election that, even after six intervening Republican presidencies, none of these programmes of Johnson's has been reversed.

The Bush/Kerry race was, by contrast, over tactics and temperament. Both men supported the invasion of Iraq, though they disagreed as to how well it was going; both supported further tax cuts, despite record deficits; both were in favour of freer international trade; both recognised the need for social security reform, but neither could propose solutions commensurate to the problem; both supported Israel's construction of a perimeter wall that would include territory seized in 1967.

From: Bobbitt, Philip, in: The Guardian, November 6, 2004

Kommentierte Lösung zu Aufgabe 2

- The most important election for president in my lifetime is over, except of course that it wasn't the most important.
  ⇒ **Die wichtigste Präsidentschaftswahl während meines Lebens ist vorüber, außer dass es natürlich nicht die wichtigste war.**
  Verwenden Sie bitte nicht »Wahl ~~für~~ den Präsidenten« für *election for president* oder »Lebenszeit« für *lifetime*.
  Und denken Sie auch daran, dass »Präsident« im Deutschen mit ä und nicht mit e geschrieben wird.

- That distinction goes to the Johnson/Goldwater election of 1964, in which two opposing views of US policy confronted each other at a turning point in American history.
  ⇒ **Diese Ehre* gebührt der Johnson/Goldwater-Wahl von 1964, bei der sich zwei völlig gegensätzliche Ansichten über die Politik der Vereinigten Staaten an einem Wendepunkt in der amerikanischen Geschichte gegenüber standen.**
  * Hier darf man den Fehler nicht machen *distinction* mit der gebräuchlicheren Übersetzung »Unterscheidung« wiederzugeben (von to *distinguish*).

- Senator Barry Goldwater was one of only six Republican senators to oppose the Civil Rights Act of that year; he opposed Lyndon B. Johnson's nuclear non-proliferation treaty and suggested nuclear weapons be considered for use in Vietnam; and he denounced LBJ's Medicare programme as socialism.
  ⇒ Senator Barry Goldwater war einer von sechs republikanischen Senatoren, die gegen das Bürgerrechtsgesetz[1] jenes Jahres waren; er war auch gegen Lyndon B. Johnsons Atomsperrvertrag[2] und schlug vor sich zu überlegen, ob man nicht über den Einsatz von Atomwaffen in Vietnam nachdenken solle; und er brandmarkte[4] Johnsons Medicare-Programm[3] als Sozialismus.
  1 Die Übersetzung des Begriffs *Civil Rights Act* ist hier sicher angebracht.
  2 Den Begriff nuclear *non-proliferation treaty* (Atomwaffensperrvertrag) muss man unbedingt übersetzen. Bei diesem Begriff zeigt sich, dass ein fundiertes Allgemeinwissen wichtig ist, da man nur von der Wortbedeutung her (to *proliferate* = sich ausdehnen, ausbreiten) oder der Erklärung im *dictionary* nicht unbedingt auf den richtigen Begriff schließen kann.
  3 Ob man den Begriff *Medicare* mit Gesundheitsversorgung alter Menschen oder Krankenversicherung für Menschen über 65 wiedergeben muss, ist sicherlich Ansichtssache und lehrerabhängig.
  4 *to denounce* sollte man nicht mit dem Fremdwort »denunzieren« übersetzen, da dies einen zu negativen Beigeschmack hat.

- So decisive was that election that, even after six intervening Republican presidencies, none of these programmes of Johnson's has been reversed.
  ⇒ So entscheidend war diese Wahl, dass sogar nach sechs dazwischen liegenden republikanischen Präsidentschaften keines dieser Programme Johnsons rückgängig gemacht worden ist.

- The Bush/Kerry race was, by contrast, over tactics and temperament.
  ⇒ Beim Bush/Kerry-Wahlkampf* ging es im Gegensatz dazu um Taktik und Temperament.
  * Hier wäre *race* mit »(Wett-) Rennen« irreführend übersetzt.

- Both men supported the invasion of Iraq, though they disagreed as to how well it was going; both supported further tax cuts, despite record deficits; both were in favour of freer international trade; both recognised the need for social security reform, but neither could propose solutions commensurate to the problem; both supported Israel's construction of a perimeter wall that would include territory seized in 1967.

  ⇒ Beide Männer unterstützten die Invasion des Irak, wenngleich sie unterschiedlicher Meinung darüber waren, wie gut diese Invasion durchgeführt wurde; beide waren trotz eines Rekorddefizits für weitere Steuersenkungen; beide traten für einen freieren internationalen Handel ein; beide erkannten die Notwendigkeit von Reformen der sozialen Sicherungssysteme, wobei keiner von beiden Lösungen vorschlagen konnte, die dem Problem angemessen waren[1] ; beide unterstützten die Errichtung einer Grenzbarriere[2] der Israelis, die Gebiete einschließen würde, die sie seit 1967 erobert hatten.

  1 auch: »... die dem Problem gerecht wurden«

  2 auch: »Trennmauer«

5 Fremdsprachliche Fertigkeiten

5.1 Schreiben

Es ist schwer, zu dem Komplex »Schreiben in der Fremdsprache« in kurzen Worten etwas Sinnvolles zu sagen. Das Geschriebene ist die Realisation der Wortschatz-, Stilistik- und Grammatikkenntnisse, das Resultat einer umfangreichen Texterfahrung, und in allen diesen Bereichen mangelt es an Übung, die für das Verfassen muttersprachlicher Texte selbstverständlich ist. Es soll hier daher vor allem darauf ankommen, einige Strategien zur Fehlervermeidung vorzustellen.

5.1.1 »Einfach« schreiben

Zunächst ein ganz allgemeiner Hinweis. Als »guter Stil« gilt im Englischen nicht eine Ausdrucksweise, bei der der Leser merkt, welch toller Typ der Autor ist. Vielmehr wird verlangt, dass der Autor klar und erfolgreich kommuniziert und klar und einfach schreibt. Wahrscheinlich ist es für das Verfassen englischer Texte am besten, wenn man sich vorstellt, man würde für einen Gleichaltrigen schreiben, geradeaus und ohne Imponiergehabe.

Daher sollten Sie sich durchgängig bemühen, »einfachen« Wortschatz zu verwenden. Ein englischer Text wird dadurch nicht gehobener oder anspruchsvoller, dass man von jemandem sagt, er sei ein *octogenarian* statt *he is eighty years old*: Die in Wörterbüchern als formal oder literarisch gekennzeichneten Wörter wirken, wenn sie nicht von professionellen Schreibern zu bestimmten Zwecken verwendet werden, tatsächlich eher hilflos komisch als stilistisch beeindruckend. In einem deutschen Aufsatz würden Sie auch nicht Wörter wie »töricht«, »entsteigen«, »wallende Nebel« benützen.

Die »Einfachheit«, zu der hier geraten wird, bezieht sich selbstverständlich nicht auf den erforderlichen Spezialwortschatz: *environmental pollution* durch *dirtiness of the world around us* zu ersetzen, ist sicher kein sinnvolles Verfahren.

Zum »einfachen« Schreiben gehört auch, dass man den Aufsatz nicht als philosophische Übung missversteht. Natürlich hat niemand etwas dagegen, wenn Sie tiefgründig denken – wichtiger aber ist, klar, verständlich und den Regeln der Fremdsprache entsprechend zu schreiben. Unbedingt zu vermeiden ist Ironie oder »witziges« Schreiben.

Nun zu einem anderen Aspekt des »einfachen« Schreibens. Für die meisten ist das Schreiben auf Englisch eine Art Übersetzung von deutschen Vor-Formulierungen (siehe auch Kapitel 1.3). So »möchten« Sie z. B. schreiben: »Die Gewissenlosigkeit, mit der viele Menschen mit der Umwelt umgehen, ist bestürzend« und werkeln dann an einer Übersetzung dieses Satzes herum – etwas Vernünftiges kommt dabei kaum heraus. Sie müssen den »Gedanken« so lange drehen und wenden, bis er mit englischen Formulierungen, die Sie beherrschen, halbwegs kongruent wird; z. B. *Many people do not care about what happens to our environment – a most upsetting attitude.*

»Der Sinn des Lebens kann doch nicht im abendlichen Fernsehen bestehen« darf nicht führen zu ~~The sense of life cannot consist in watching TV in the evenings~~. Eher sinnvoll ist z. B. *Is watching TV really the most important thing in life?*

»Die Bestrebungen, ein Vereinigtes Europa zu schaffen, stoßen immer noch auf nationalistische Opposition.« – *The idea of a United Europe has still got to compete with nationalist tendencies.*

»Ob der Sieg des Kapitalismus über den Kommunismus ein scheinbarer oder tatsächlicher war, wird die Zukunft erweisen.« – *Capitalism has won (and Communism has lost), but whether this has been a real and everlasting victory remains to be seen.* Lange Sätze können z. B. unterteilt werden. Es soll ja der Sinn wiedergegeben und nicht wortwörtlich übersetzt werden.

Die obigen Beispiele zeigen, dass beim Schreiben eines Essays keinesfalls so übersetzt werden sollte, dass man von deutschen Vor-Formulierungen ausgeht. Und wenn man schon nicht »englisch denken« kann, dann sollte man wenigstens die Formulierung der Gedanken aufbrechen und sie wenden, bis sie sicher übersetzbar werden. Geben Sie es beispielsweise auf, »Sinn des Lebens« englisch formulieren zu wollen, wenn Sie nicht wissen, dass man hier mit *the meaning of life* oder the *philosophy of life* operiert – wenn Sie es nicht wissen, kommen Sie auch nicht darauf. Auf diese Weise werden Ihre Texte vielleicht »einfach« aussehen. Aber sie werden zumindest verständlich.

! Tipp zum Üben: **Nehmen Sie sich einmal zwei, drei deutsche Zeitungsartikel vor, und formulieren Sie sie im oben beschriebenen Sinn »einfach«. Fragen Sie sich dabei, wie Sie das im Deutschen noch anders formulieren können.**
Vielleicht fallen Ihnen dann eher die passenden Vokabeln ein.

Noch ein Beispiel: Die Ausdrucksabsicht, die auf Deutsch formuliert wird mit »Dieses Argument hat uns sehr wenig beeindruckt«, ist nicht so einfach zu übersetzen. Man kann die Konstruktion aufbrechen, indem man eine Art Kurzfassung macht, z. B. »Argument ⇒ wenig Eindruck«, so kommt man eher auf einen formulierbaren korrekten Satz. Warum nicht *This argument has made only very little impression (upon people)*?

Sich nach den vorangehenden Beispielen zu richten, ist leichter gesagt als getan. Wenn Sie nicht in der Lage sind, bei bestimmten beabsichtigten Formulierungen Verdacht zu schöpfen, sehen Sie natürlich auch keinen Grund zur Vorsicht. Die Fähigkeit zum Verdacht wächst freilich mit dem textbezogenen Lernen. Aber zusätzlich ist es ratsam, öfter Dinge nachzuschlagen, von denen man glaubt, man kenne sie längst und habe weitere Informationen nicht nötig: In jedem Lernwörterbuch könnten Sie unschwer ermitteln, dass im Englischen *sense* nicht für »Sinn« in »der Sinn des Lebens« gebraucht werden kann. Aufs Ganze gesehen ist es besser, relativ »wenig« zu wissen und dies sicher zu beherrschen – besser als ein Halbwissen über viele Wörter.

! **Literaturhinweis:**
Eines der besten Bücher hierzu ist:
W. Friedrich, Technik des Übersetzens

5.1.2 Sätze und Texte gliedern

Korrektorinnen und Korrektoren wollen wissen, wie die einzelnen Sätze miteinander zusammenhängen und was der Schreiber mit einem bestimmten Satz oder Absatz beabsichtigt. Sie wollen den Gedankengang nicht rekonstruieren müssen, sondern dargelegt bekommen. Das ist der Grund dafür, dass die so genannten »links« im Unterricht so stark betont werden, und so können Sie am besten Ihr Ausdrucksvermögen verbessern.

Sie sollten wissen

- wie man Argumente gliedert (→ Seite 100): *firstly, secondly, thirdly … finally; also, more-over, in addition; to start with/begin with, one might say; summing up, one could say …*
- wie man Texte, Meinungen referiert: *it is argued/claimed/said that; it is usually thought/held that …*
- wie man zustimmt/widerspricht: *it is certainly true to say; one has to agree with; it is difficult to follow this argument; one need not necessarily share this opinion; wouldn't it make more sense if …*

- wie man Begründungen, Einschränkungen explizit formuliert: *this is why; for this reason; though it must be admitted that ...; one might as well argue that ...*

Solche Wendungen tragen dazu bei, das Geschriebene flüssig und differenziert zu gestalten.

Es gibt raffinierte Klassifikationen solcher Versatzstücke. Im Wesentlichen haben sie die Funktion, dem Leser explizit zu sagen, was der Verfasser gerade tut: ob angekündigt, referiert, begründet, eingeschränkt, verallgemeinert, widersprochen, zugestimmt, vermutet, bewiesen, zusammengefasst wird. Man findet diese Versatzstücke in Übungsbüchern, Wörterbüchern oder Grammatiken (→ Literaturverzeichnis, Seite 183 ff.).

Wenn man in der Fremdsprache schreibt, verliert man – häufiger noch als in der Muttersprache – den Überblick über den Text, die Perspektive. Einige Sätze entwickeln sich nicht so recht aus den vorhergehenden, die Bezüge sind nicht deutlich. So schreibt man vielleicht in einem Satz über ein Land (*country*) und seine Bevölkerung (*population*). Äußert man sich im folgenden Satz zur Bevölkerung, würde man deutsch das Pronomen »sie« verwenden. Da dies aber im Englischen *it* ist, hat dieser Satz dann plötzlich keinen klaren Bezug mehr, weil *it* – anders als »sie« – sich sowohl auf *country* als auch auf *population* beziehen kann. Einen Ausweg bieten hier z. B. so genannte »**general nouns**« (wie *people*, für anderes auch *fact*, *affair*, *matter*, *object*, *question*, *idea*, dann meist mit *this/those* verbunden), Ausdrücke wie *the former*, *the latter* oder auch Synonyme.

Im Unterschied zum Deutschen gelten im Englischen **Wortwiederholungen** nicht als stilistisch schlecht: Wer von seinem Hund erzählt, braucht im Englischen nicht dauernd zwischen *dog*, *animal*, *pet*, *fourlegged friend* usw. zu wechseln. Das krampfhafte Suchen nach Synonymen führt nur zu unnötigen Fehlern.

In der Regel verhält es sich so, dass ein Satz in einem Text besonders mit dem Wort zusammenhängt, das im vorhergehenden Satz betont ist. Man sollte sich daher – durch lautes Lesen – vergewissern, dass diese Betonung auch tatsächlich gegeben ist. Im Bedarfsfall kann man die Wortstellung durch Wechsel von Aktiv zu Passiv (oder umgekehrt) ändern oder nominale Konstruktionen wählen (*to swim* ⇒ *have a swim, to quarrel* ⇒ *have an argument, kindly* ⇒ *in a kind manner*).

Man sollte sich auch in der Grammatik mit Konstruktionen vertraut machen, die besondere Hervorhebung signalisieren: *It was Peter who did it; it is the evenings that I like best; what Peter did was sell the house; and sell it he did.* Sehr oft wird eine

Nominalphrase im Deutschen im Englischen durch eine verbale Konstruktion ausgedrückt. Versuchen Sie also Nomen durch Verben zu ersetzen wie z. B. »das Analysieren lernen« *learn to analyse*.

5.1.3 »Sauber« schreiben

Vergessen Sie nicht, dass Ihre Korrektorinnen und Korrektoren vielleicht Dutzende von Arbeiten zu begutachten haben – eine **leserliche Handschrift** stimmt manche gewogen, wenn auch vielleicht nur unbewusst. Es verbiegt Ihren Charakter nicht, wenn Sie leserlich schreiben, auch optisch klar gliedern, sich nicht großzügig über die Orthografie hinwegsetzen, darauf verzichten, falsche Wortstellungen durch kleine Zahlen zu korrigieren und auch darauf verzichten, allerlei nummerierte Einschübe an den Schluss zu setzen.

5.2 Sprechen

Wie das Geschriebene ist natürlich auch das Gesprochene die Realisation der vorhandenen Kenntnisse. Zwei wesentliche Faktoren kommen allerdings hinzu. Zumindest das spontan Gesprochene muss unter Zeitdruck produziert werden – man kann sich mit einer Antwort nicht minutenlang Zeit lassen. Und außerdem ist Schreiben monologisch, Sprechen aber meist dialogisch, das Sprechen erfordert mithin auch das unmittelbare Eingehen auf den Partner.

Untersuchungen zum Ablauf von »Konversationen« haben gezeigt, dass es sich dabei um sehr komplizierte soziale und verbale Aktivitäten handelt: Die Partner wechseln einander in der Sprecher- bzw. Hörerrolle ab, der Hörer gibt »Hörverfügbarkeits-Signale« (*mhm; you know; well; I see; quite*), der Sprecher zeigt an, wenn er die Sprecherrolle abgibt, der Hörer gibt zu erkennen, ob und wann er sprechen möchte, man erarbeitet Gemeinsamkeiten oder Gegensätze usw. Die jeweiligen Signale und »Spiel-Züge« werden in verschiedenen Sprachen verschieden realisiert – und »flüssige Unterhaltung« in der Fremdsprache ist eine Kunst, die man auf der Schule kaum lernen kann.

Wir werden an dieser Stelle daher nur auf eine Spezialsituation eingehen, das »Halten von Referaten«:

Referate

Einige mögen in der Lage sein, ein Referat aufgrund von Notizen zu halten – die meisten erleiden dabei aber Schiffbruch. Formulieren Sie Ihr Referat daher in einfachen und kurzen Sätzen aus. Bemühen Sie sich – noch mehr als bei schriftlichen Arbeiten – zu signalisieren, was Sie sprachlich tun: Welchem Aspekt Sie sich zuwenden, wie Sie gliedern, was Sie argumentativ vorbereiten.

Unterstreichen Sie für den Vortrag die wichtigsten Wörter im Satz. Bauen Sie in die schriftliche Fassung Elemente der mündlichen Sprache ein (*well, now, you see*). Sprechen Sie langsam und deutlich – Ihre Mitschülerinnen und Mitschüler müssen Ihnen ja in einer Fremdsprache folgen können. Versuchen Sie, mit Ihren Hörern in Verbindung zu kommen, fragen Sie sie (*Can you follow me?*), appellieren Sie an sie (*I hope you can agree with me*), sprechen Sie sie gezielt an (*I will now try to show you* statt *I will now show*). Auch diese Dinge sollten Sie zum Teil in die schriftliche Fassung einbauen.

5.3 Lesen

Wenn man in der Muttersprache spricht oder schreibt, ist man sich meistens sicher, dass man das, was man sagen oder schreiben wollte, auch tatsächlich gesagt oder geschrieben hat. Beim Erwerb einer Fremdsprache ist dies über eine lange Zeit anders: Man hat keine rechte Kontrolle über die Produktion. Man meint »Sinn des Lebens«, sagt oder schreibt ~~*sense of life*~~ (statt *meaning of life*) und weiß dabei nicht, ob das genau richtig ist, ob es gerade noch verstanden wird oder überhaupt nicht; besonders beim Sprechen ist dies eine ziemlich unangenehme Situation.

Beim Hören oder Lesen verhält sich das nicht anders. In Bezug auf das Lesen ist damit ein spezielles Problem verbunden: Wir beziehen unsere Fremdsprachenkenntnisse zum großen Teil aus schriftlichem Material, also aus Gelesenem. Wir müssen die Tatsache, dass wir eben nicht englischsprachig aufwachsen, kompensieren durch eine gezielte Materialverwertung. Und folglich führt eine falsche Materialverwertung zu falschen oder verzerrten Kenntnissen. Es heißt oft, Lesen fördere das Sprachgefühl. Das mag gut sein. Aber erstens handelt es sich bei diesem »Gefühl« um eine intellektuelle, klassifizierende Leistung (plus Gedächtnisleistung), und zweitens gilt das nur für »analysierendes« Lesen.

Analysierendes Lesen ist eine mühselige Angelegenheit. Man sollte daher mit den zu lesenden Texten nicht so anspruchsvoll sein. Es ist zwar nichts dagegen zu sagen, wenn man NEWSWEEK oder TIME MAGAZINE liest, um sich zu informieren oder um einen speziellen Fachwortschatz zu erarbeiten. Zum verwertenden Lesen für die allgemeinen Sprachkenntnisse taugen solche Texte aber nicht besonders, da sie meist einen sprachlich sehr erfahrenen Leser voraussetzen. WORLD AND PRESS oder SCALA INTERNATIONAL sind hier eher zu empfehlen. Leider werden die so genannten »easy readers« von vielen nicht genutzt: Das sind leicht vereinfachte Fassungen von meist zeitgenössischen Romanen, die jedoch für die Zwecke des analysierenden Lesens noch genug enthalten (und nicht als zu »kindlich« angesehen werden sollten). Viele große Verlage haben hierzu Angebote in ihren Prospekten, die Sie sich schicken lassen können.

5.4 Gesprochenes verstehen

Der übliche Eindruck, dass Franzosen, Italiener, Briten ihre jeweilige Muttersprache schneller sprechen als wir die unsere, täuscht. Dieser Eindruck rührt nur daher, dass wir die Sprache anderer eben nicht so gut können und daher beim »Dekodieren« hinterherlaufen. Unsere Mängel liegen auf verschiedenen Ebenen:

5.4.1 Aussprache

Natürlich kann man Probleme beim Verstehen haben, wenn einzelne Wörter anders ausgesprochen werden als man das selbst (fälschlich) tut: Man selbst sagt z. B. [daɪ'næmɪsm] für *dynamism* und versteht dann das korrekte ['daɪnəmɪzm] nicht. Wichtiger aber sind die systematischen Ausspracheeigentümlichkeiten des Englischen, die in jedem Satz auftreten. Dies sind die so genannten Schwachtonformen, die Aussprache der unbetonten Silben, Assimilationen und Ähnliche:

Schwachtonformen: *I should have known* wird nicht mit ['ʃʊd'hæv] ausgesprochen, sondern mit Schwachtonformen wie ['ʃʊdəv] oder gar [ʃtəv]. Diese schwachen Formen werden systematisch für die Hilfsverben, für Pronomina und einige Konjunktionen verwendet: [bə'taɪ] *but I*, ['pi:tən'su:zn] *Peter and Susan*, ['ɪzɪ] *is he*?, ['bredə'bʌtə] *bread or butter*, [đətɪməs'kʌm] *that he must come*.

Unbetonte Silben: Unbetonte Silben werden, vor allem im britischen Englisch, mit reduzierten Vokalen ausgesprochen: Wenn man ['lævætorɪ] lavatory erwartet und ['lævətrɪ] hört, kann es Probleme geben; ähnlich bei ['semətrɪ] *cemetery*, [fə'tɒgrəfə] *photographer*, ['ækʃwəlɪ, 'græfiklɪ] *actually, graphically*.

Assimilationen: Häufig werden auch Wörter miteinander verschmolzen oder auf sonstige Weise geändert, vergleiche im Deutschen [vasnlo:s] was ist denn los?, [svilstndu:] was willst denn du?, engl. ['ɪʃɪ] *is she?*, [əʒʊ'nəʊ] *as you know*, [greɪp'brɪtn] *Great Britain*, [ənɪ'a:stmɪ] *and he asked me*.

Das sind im Englischen übrigens nicht Elemente einer Art schlampiger Umgangssprache, sondern Erscheinungen, die auch bei sorgfältigem, gepflegtem Sprechen üblich sind.

Das Ganze ist eine Wissenschaft für sich. Man kann sich aber zumindest einhören, wenn man gesprochene Texte hört, und sie zugleich mitliest. Auf diese Weise bekommt man wenigstens ein Gefühl dafür, wie tatsächlich gesprochen wird. Fragen Sie in der Schule nach, ob es Aufnahmen englischer Texte gibt, zu denen man auch die schriftliche Fassung erhält. Oder, was unterhaltsamer ist, vergleichen Sie die Texte auf Plattencovern usw. mit dem, was tatsächlich gesungen wird.

5.4.2 Sprache und Welt

Das verstehende Hören geschieht nicht so, dass man in sehr kurzer Zeit einzelne Laute zusammenfügt und so Wörter identifiziert (ca. 12 – 15 Laute pro Sekunde ist eine normale Sprechgeschwindigkeit). Wir kennen unsere Sprache und wissen, wie normalerweise die Vorgänge in der Welt ausgedrückt werden. Wir haben daher keine Schwierigkeit, folgende Sätze zu vervollständigen: »Die Vorsitzende wurde wieder in ihrem Amt ...«; oder: »Die Verhandlungen wurden nach längerer Pause wieder ...«

Das heißt, wir brauchen manchmal gar nicht bis zum Ende zuzuhören, um zu verstehen. Ob uns nun aber *confirm a person in office* oder *resume negotiations* genauso vertraut sind, ist schon sehr die Frage. Wir müssen in einem laufenden Text vielleicht sogar noch überlegen, was *resume* bedeutet, hinken dann mit dem Verstehen hinterher, müssen noch einige unbekannte Wörter aus dem Zusammenhang erschließen. Und wir müssen uns so sehr aufs Verstehen konzentrieren, dass wir für das Behalten keine Kapazität mehr haben.

An einem solchen Zustand kann man kurzfristig nichts ändern. Zum Hörverstehen muss man das gesamte Sprachkönnen einsetzen, und wenn dieses schlecht ist, dann geht nicht viel. Jedes zusätzlich gewusste Wort, jede zusätzlich gewusste Phrase ist eine weitere Hilfe. Dies ist eine Frage des konsequenten Lernens an Texten und des daraus resultierenden Lernens von Mehrwort-Einheiten.

6 Fakten und Meinungen finden und verwerten

Immer wieder kommen Sie in die Lage, sich rasch und zuverlässig Zugang zu landeskundlichen oder literarischen Informationen verschaffen zu müssen. Dies ist vor allem dann der Fall,

- wenn Sie sich auf eine Klausur oder auf die schriftliche Abiturprüfung vorbereiten und Fragen zu einem bestimmten Sachgebiet aus Landeskunde oder Literatur zu erwarten sind,
- wenn ein solches Thema im Unterricht besprochen wird,
- wenn Sie ein Kurzreferat, einen längeren Essay oder eine Facharbeit vorbereiten,
- wenn Sie sich auf ein Spezialgebiet vorbereiten, zu dem Sie in der mündlichen Abiturprüfung ein Thema gestellt bekommen können.

6.1 Unterrichtsmitschriften

Bei der Vorbereitung auf Prüfungen werden Sie fast immer zuerst auf Ihre Unterrichtsmitschriften zurückgreifen. Diese sollten Sie deshalb von Anfang an so anlegen, dass sie später sinnvoll genutzt werden können:

- Fertigen Sie Ihre Mitschriften nach einem festen Schema an: Kopfzeile für das Thema, gegebenenfalls Datum; schmale Spalte rechts oder links für Fragen, Notizen oder neue Wörter; Fußleiste für Literaturangaben.
- Versuchen Sie nicht, möglichst viel mitzuschreiben, sondern das Wesentliche zu erfassen und festzuhalten!
- Versuchen Sie schon bei der Mitschrift, Ober- und Unterpunkte durch Einrücken, Nummerieren, Markieren bzw. Unterstreichen zu kennzeichnen und so die gedankliche Ordnung festzuhalten! Arbeiten Sie mit Farben! Machen Sie Absätze (neuer Gedanke = Absatz).
- Nehmen Sie Vorgaben aus dem Unterricht, wie z. B. Tafelbilder, unverändert in Ihre Mitschrift auf! Sie lassen oft die wesentlichen Zusammenhänge besonders anschaulich werden!
- Verwenden Sie Abkürzungen (z. B. *Sh.* für Shakespeare, *MND* für A MIDSUMMER NIGHT'S DREAM), achten Sie aber darauf, dass sie eindeutig sind! Vor allem der Pfeil (⇒) wird gerne für alles Mögliche verwendet, obwohl er sinnvollerweise nur dazu da sein sollte, um Schlussfolgerungen zu kennzeichnen.
- Überarbeiten Sie Ihre Notizen! Oft ist Ihnen das, was im Moment der Niederschrift noch sonnenklar ist, schon zwei Wochen später unverständlich. Achten Sie bei der

Überarbeitung vor allem auf eine übersichtliche Ordnung des Materials! Manchmal lohnt es sich, eine Mitschrift noch einmal ganz neu zu erstellen.

- Ordnen Sie Ihre Mitschriften nach Sachgebieten in einem Ringordner, z.B. 1. GB – Landeskunde, 2. GB – Literatur, 3. USA – Landeskunde, 4. USA – Literatur.

6.2 Handbücher

In der Regel werden die direkt aus dem Unterricht hervorgehenden Informationen Ihre Hauptquelle für alles Faktenwissen sein. Wenn Sie über Ihre Unterrichtsmitschriften hinaus nach landeskundlichen oder literarischen Fakten und Informationen suchen, so werden Sie sich in den meisten Fällen zuerst an die Empfehlungen Ihrer Lehrerinnen bzw. Lehrer oder an Ihre Schul- oder Oberstufenbibliothek halten, ehe Sie vielleicht auch einmal in einer Stadt- oder Universitätsbibliothek nach Material suchen. Um Ihnen die Orientierung zu erleichtern, aber auch als Anregung für eventuelle Ergänzungsbeschaffungen in Ihrer Schulbibliothek, stellen wir Ihnen wichtige Nachschlagewerke, Handbücher und andere Informationsquellen im Literaturverzeichnis (→ Seite 183 ff.) vor.

Grundsätzlich gilt für den Umgang mit Quellen dieser Art:

- Man sollte stets mindestens zwei von ihnen zu Rate ziehen, da sie häufig zu denselben Themen ganz unterschiedliche Angaben machen.
- Außerdem sollte man darauf achten, dass man es immer mit einer neueren, am besten mit der neuesten Ausgabe zu tun hat; vor allem landeskundliche Informationen veralten schnell.

Eine fruchtbare und zugleich unterhaltsamere Methode, sich landeskundlich auf dem Laufenden zu halten, ist die regelmäßige Lektüre englischsprachiger Tages- und Wochenzeitungen und Zeitschriften (z.B. THE GUARDIAN, THE ECONOMIST, TIME oder NEWSWEEK) oder von NEWS DIGESTS, wie sie sowohl in Großbritannien wie auch in Deutschland auf dem Markt sind (z.B. das GUARDIAN WEEKLY oder das mit Worterklärungen versehene WORLD AND PRESS). Manche Schulbüchereien sowie viele öffentliche Bibliotheken führen einige oder alle dieser Periodika; oft gibt es Sonderrabatte für Schüler oder bei Bestellung von Klassensätzen.

6.3 Sekundärliteratur

Handbücher enthalten grundlegendes Faktenwissen. Darüber hinaus gibt es eine selbst für Experten nur mühsam überschaubare Masse von »Sekundär«-Literatur, in der (oft eng begrenzte) literarische, sozialgeschichtliche, politische oder historische Themen unter verschiedenen Gesichtspunkten »wissenschaftlich« analysiert werden. Teilweise ist diese Literatur auch in den Handbüchern verzeichnet.

Im Schulunterricht wird Sekundärliteratur normalerweise eine untergeordnete Rolle spielen; am ehesten ist sie vielleicht noch im Zusammenhang mit der Lektüre fremdsprachiger Literatur von Bedeutung. Die folgenden Hinweise versuchen dieser Situation Rechnung zu tragen: Sie sind sparsam gehalten und beziehen sich ausschließlich auf Sekundärliteratur zu literarischen Texten.

Abgesehen von den in ausgesprochenen Schullektüren enthaltenen »Einführungen« oder erläuternden Kommentaren empfehlen sich hier vor allem

- die Vor- oder Nachworte in den Textausgaben bekannter Verlage (beispielsweise in der fremdsprachigen Reihe des Reclam-Verlags oder in den PENGUIN CLASSICS).
- Monografien, die bei bekannten Verlagen oder in Reihen wie ROWOHLTS MONOGRAPHIEN, bei UTB oder in PENGUIN CRITICAL STUDIES erschienen sind. Wenn Sie im Zweifel sind, welche anderen Verlage oder Reihen in Frage kommen könnten, so fragen Sie Ihre Lehrerin oder Ihren Lehrer.
- Interpretationssammlungen, die es in großer Zahl zu allen Literaturgattungen gibt (→ Literaturverzeichnis, Seite 183 ff.).

In den hier genannten Werken finden sich oft – manchmal sogar kommentierte – Hinweise zu weiterer Literatur, denen man bei Bedarf nachgehen kann.

Grundsätzlich gilt für den Umgang mit Sekundärliteratur, insbesondere für Interpretationen literarischer Werke: Betrachten Sie solche Analysevorschläge immer nur als Anregung für Ihre eigenen Gedanken, nicht als unkritisch zu übernehmende Vorlage!

Lassen Sie sich auch nicht abschrecken von den oft »hochgestochenen« Wendungen und Aussagen. Sie sind (noch) kein Literaturprofessor. Versuchen Sie vielmehr, sich einfach auszudrücken und dabei das zu Papier zu bringen, was Ihnen wichtig erscheint, und vor allem mit Ihren Worten. Binden Sie Fachausdrücke in Ihren Wortschatz ein und begründen Sie vor allem Ihre Meinung. Belegen Sie am Text, was Sie meinen, und warum Sie so empfinden und nicht anders. Einer schlüssigen Argumentation kann sich niemand entziehen, und das wird auch entsprechend gewürdigt. Oft genügen auch schon Anregungen und Sie schreiben dazu Ihre Version.

7 Umgang mit Literatur

Über die Analyse literarischer Texte sind viele dicke Bücher geschrieben worden. Mit ihnen wollen und können wir nicht konkurrieren. Das vorliegende Kapitel gibt Hinweise, wie man die fremdsprachige Lektüre möglichst fruchtbar gestalten kann, und macht auf einige grundlegende Besonderheiten literarischer Texte aufmerksam. Verstehen Sie also das Folgende als eine Anleitung für den Umgang mit literarischen Texten, die Ihnen helfen will, eine gute Leserin bzw. ein guter Leser zu werden.

Woran erkennt man gute Leserinnen und Leser? Sicherlich einmal daran, dass Sie das Gelesene nicht nur »konsumieren«, sondern mit wachem Bewusstsein aufnehmen und sich eine möglichst klare Erinnerung daran bewahren; zum anderen daran, dass Ihnen mehr »auffällt« als dem durchschnittlichen Leser. Letzteres erfordert Erfahrung und intensives Lese-Training; dem Gedächtnis lässt sich dagegen mit einigen Tricks relativ leicht auf die Sprünge helfen.

! **Tipp zum Üben:** Fassen Sie aus dem Stegreif schriftlich oder mündlich in deutscher Sprache die Handlung des letzten längeren Films, den Sie gesehen haben, kurz zusammen. Wenn Ihnen die Lösung mühelos gelingt, können Sie den nächsten Abschnitt überfliegen!

7.1 Gedächtnisstützen

Wenn Sie Romane, Dramen oder andere längere Texte als Klassenlektüre lesen, darüber ein Referat halten oder eine Prüfung ablegen müssen, so kommt es zunächst einmal darauf an, dass Sie das Gelesene möglichst gut in Erinnerung behalten – z. B. um sich die Mühe einer zweiten Lektüre zu ersparen.

Sie sollten also bei der ersten Lektüre nicht nur so gründlich wie möglich lesen (und das kann heißen, dass Sie schwierige Stellen mehrmals lesen müssen, bis Sie sie verstanden haben), sondern Sie müssen sich auch (mit dem Bleistift in der Hand) Gedächtnisstützen schaffen. Dazu gehört im Einzelnen:

- Scheinbar nebensächlich, aber bei fremdsprachigen Texten unumgänglich: das Nachschlagen und Notieren (am besten im Text selbst) von unbekannten Wörtern – vor allem, wenn sie sinntragend sind.

- Bei längeren erzählenden oder dramatischen Werken Notizen zum Inhalt, die abschnittweise, z. B. also Kapitel für Kapitel oder Szene für Szene, den Handlungsverlauf knapp festhalten. Das erleichtert nicht nur das Wiederfinden von Textstellen; Sie werden auch feststellen, dass Sie sich so das Werk viel besser einprägen als bei bloß »konsumierender« Lektüre. Denn man hat nur verstanden, was man mit eigenen Worten – und sei es nur in Stichpunkten – formulieren kann.
  Das folgende Beispiel zeigt, wie der Anfang einer Inhaltsübersicht für ANIMAL FARM aussehen könnte:
  1. The situation at Manor Farm
     Old Major's speech (predicts revolution)
     Song "Beasts of England"
  2. Old Major †
     Pigs prepare revolution by teaching the other animals the system of animalism
     The revolution:
     - Manor Farm now called "Animal Farm"
     - The 7 Commandments
     - What happens to the milk?
     - Pigs organise farm work
  3. ...

- Bei Werken mit umfangreichem Personal ein Personenregister, oder besser noch, eine Skizze der Personenkonstellation, in der man z. B. verwandtschaftliche und sonstige Beziehungen zwischen den einzelnen Personen festhalten kann. (Sehr gut geeignet für derartige Skizzen sind die leeren Seiten am Anfang oder Ende eines Buchs.) Das folgende Beispiel zeigt eine (mögliche) Skizze zu Orwells ANIMAL FARM:

humans	animals ruling class	supporters	the ruled
Mr. Jones (owner of M. F.)	**pigs** (Old Major †)	**sheep**	**horses** Boxer (worker)
Mr. Pilkington	Napoleon (leader)		Clover (♀)
Mr. Frederick	Squealer (propagandist)	**dogs** (intimidation)	**ass** Benjamin
Mr. Whymper (lawyer)	Snowball (traitor)		
	Mollie (horse) leaves		
	Moses (raven, religious) leaves, comes back		

- Eine »wilde« Liste, in der Sie zunächst ungeordnet alles notieren, was Ihnen bei der Lektüre des Textes aus irgendeinem Grunde auffällt oder wichtig erscheint: Querverweise, Motivreihen, offene Fragen, Ideen. Noch einmal soll ANIMAL FARM als Ausgangsmaterial dienen:

The Commandments

original version	II (21)
new version	4th C IV
new version	6th C VIII
	5th C VIII
new version	7th C X
(= single commandment)	
1st – 3rd C?	

Napoleon	= Stalin
Snowball	= Trotzki ??
Squealer	= ? (IX)
Mr. Frederick	= Hitler (→ World War II??)

Songs

"Beasts of England"	I
forbidden	VII
replaced by Animal F.	VII
Minimus poem	VIII

Also auf jeden Fall, auch im Hinblick auf die Vorbereitung auf die Abiturklausur, wichtige Stellen im Text markieren (am besten farbig) und eventuell einen Kurzkommentar (in Englisch) an den Rand schreiben. Entscheidendes rückt dabei später schnell wieder ins Blickfeld.

7.2 Lesetraining

7.2.1 Erfahrung mit Literatur

Je mehr man gelesen hat, desto leichter findet man sich bei der Lektüre eines unbekannten Textes zurecht, und desto mehr fällt einem dabei auf. Dies lässt sich schon an ganz einfachen Beispielen zeigen, wie z. B. an James Thurbers Erzählung THE LITTLE GIRL AND THE WOLF:

Textbeispiel 1

THE LITTLE GIRL AND THE WOLF

One afternoon a big wolf waited in a dark forest for a little girl to come along carrying a basket of food to her grandmother. Finally the little girl did come along and she was carrying a basket of food.
"Are you carrying that basket to your grandmother?" asked the wolf. The little girl said yes, she was.
So the wolf asked her where her grandmother lived and the little girl told him and he disappeared into the wood. When the little girl opened the door of her grandmother's house she saw that there was somebody in bed with a nightcap and nightgown on. She had approached no nearer than twenty-five feet from the bed when she saw that it was not her grandmother but the wolf, for even in a nightcap a wolf does not look any more like your grandmother than the Metro-Goldwyn lion looks like Calvin Coolidge. So the little girl took an automatic out of her basket and shot the wolf dead.
Moral: It is not so easy to fool little girls nowadays as it used to be.

Aus: James Thurber, THE THURBER CARNIVAL (1931), New York, Harper 1975

Obwohl es vielleicht auf den ersten Blick nicht so aussieht, erfordert selbst diese sehr einfache Geschichte insofern »erfahrene« Leser, als sie die Kenntnis anderer Literatur voraussetzt: Zunächst einmal muss man erstens ein ganz bestimmtes literarisches Vorbild kennen, nämlich das Märchen von Rotkäppchen (denn nur so kann man die Abweichungen von dieser Vorlage in Thurbers Geschichte registrieren); außerdem muss man zweitens mit bestimmten Gattungen und ihren »Konventionen« (das heißt ihren typischen Darstellungsmitteln) vertraut sein: Denn nur wer weiß, was »Märchen« und »Fabeln« sind, wird erkennen, dass Thurber am Ende seiner Geschichte ein typisches Element der Fabel – die »Moral« – ad absurdum führt, und dass er sich in ähnlicher Weise über eine der stillschweigenden Voraussetzungen des Märchens lustig macht (nämlich dass dort Rotkäppchen selbstverständlich den verkleideten Wolf nicht erkennt).

Mit anderen Worten: Wer die literarischen Vorbilder, auf die sich THE LITTLE GIRL AND THE WOLF bezieht, nicht kennt, der wird die Geschichte weder in vollem Umfang verstehen noch amüsant finden. Ähnliches gilt auf die eine oder andere Weise für fast alle literarischen Werke (wer ANIMAL FARM verstehen will, muss wissen, wie Fabeln bzw. Parabeln und Utopien »funktionieren«). Dies gilt auch für Filme: Wer CASABLANCA nicht kennt, dem werden Teile von Woody Allens PLAY IT AGAIN, SAM unverständlich bleiben. Es ist daher notwendig, Gesamtzusammenhänge zu erkennen.

Neben spezifisch literarischem Wissen setzt Thurbers Geschichte allerdings auch noch anderes »Kulturwissen« voraus; z. B. dass man weiß, wie der Vorspann von Metro-Goldwyn-Filmen aussieht, und wer Calvin Coolidge ist. Insofern gilt natürlich auch: Je mehr »Weltwissen« dieser Art man hat, desto besser versteht man Literatur.

Um Thurbers LITTLE GIRL AND THE WOLF verstehen zu können, muss man kein sehr erfahrener Leser sein, da diese Geschichte vergleichsweise geringe Ansprüche an die literarischen Vorkenntnisse ihrer Leser stellt: Es genügt eine gewisse Vertrautheit mit so weit verbreiteten und populären Genres wie Fabel und Märchen. Das unten angeführte Textbeispiel 2 erfordert dagegen eine sehr viel spezifischere »literarische« Vorbildung:

Textbeispiel 2

William Wordsworth: The World Is Too Much With Us

The world is too much with us; late and soon,
Getting and spending, we lay waste our powers:
Little we see in Nature that is ours;
We have given our hearts away, a sordid boon!

This Sea that bares her bosom to the moon;
The winds that will be howling at all hours,
And are up-gathered now like sleeping flowers;
For this, for everything, we are out of tune;

It moves us not. – Great God! I'd rather be
A Pagan suckled in a creed outworn;
So might I, standing on this pleasant lea,

Have glimpses that would make me less forlorn;
Have sight of Proteus rising from the sea;
Or hear old Triton blow his wreathed horn.

Aus: Raimund Borgmeier (Hg.), Gedichte der englischen Romantik, Stuttgart, Reclam, 1980

Ungeübtere Leser werden bei diesem Text vermutlich zunächst einmal – und vollkommen zu Recht – spontan zum Wörterbuch greifen und dann auf das Thema reagieren: auf die Klage über den Verlust der Einheit von Mensch und Natur. Hingegen werden erfahrenere Leser schnell feststellen, dass es sich – aufgrund der Reimfolge abba abba cdc dcd – bei diesem Gedicht um ein Sonett handelt, und zwar in der so genannten »italienischen« Form (das heißt bestehend aus 8 plus 6 bzw. 2 mal 4 plus 2 mal 3 Zeilen). Sie werden folglich auch diesen Text nicht nur »für sich allein« verstehen wollen, obwohl er sich im Gegensatz zu THE LITTLE GIRL AND THE WOLF auf keinen Vorbild-Text bezieht, sondern »nur« auf eine sehr spezifisch literarische Tradition: die des Sonetts.

Erst vor diesem Hintergrund fällt aber auf,

- dass der Autor die für die Sonett-Form so typische Balance der beiden ungleich langen Teile in einer antithetischen Gedankenführung *(I'd rather be)* verwirklicht.
- dass er aber dabei den durch die formale Struktur vorgegebenen Einschnitt am Ende der 8. Zeile durch die Syntax *(It moves us not)* überspielt.

Vielleicht werden geübte Leser die Freiheit, mit der Wordsworth an dieser Stelle mit der vorgegebenen Struktur umgeht, die Dissonanz zwischen Form und Gedanken, sogar ästhetisch genießen.

Textbeispiel 3

William Shakespeare: Sonnet 18

Shall I compare thee to a summer's day?
Thou art more lovely and more temperate:
Rough winds do shake the darling buds of May,
And summer's lease hath all too short a date:
Sometimes too hot the eye of heaven shines,
And often is his gold complexion dimm'd;
And every fair from fair some time declines,
By chance, or nature's changing course, untrimm'd;
But thy eternal summer shall not fade
Nor lose possession of that fair thou ow'st;
Nor shall Death brag thou wander'st in his shade,
When in eternal lines to time thou grow'st:
    So long as men can breathe or eyes can see,
    So long lives this, and this gives life to thee.

Aus: Raimund Borgmeier (Hg.), The Sonnets (Die Sonette); Stuttgart, Reclam 1974

Aufgabe 1

Schlagen Sie Sonett (englisch *sonnet*!) nach und versuchen Sie herauszufinden, was das so genannte »englische« oder »Shakespeare-Sonett« vom »italienischen« Sonett unterscheidet! Lesen Sie Shakespeares Sonett 18, und versuchen Sie festzustellen, inwieweit sein Aufbau tatsächlich dem Schema des englischen Sonetts folgt!

Lösung

Sonett 18 folgt im Reimschema und in der Strophenform ganz dem englischen Modell; im gedanklichen Aufbau ist jedoch nach Zeile 8 ein deutlicher Einschnitt zu beobachten, wie es für das italienische Sonett typisch ist.

7.2.2 Literatur ist »gemacht«

Bei der Lektüre literarischer Texte geht es nicht nur um Inhalte oder, wie es in den »Einheitlichen Prüfungsanforderungen in der Abiturprüfung Englisch« heißt, um menschliche Grunderfahrungen, Probleme und Verhaltensweisen. Von den Lesern wird auch die Fähigkeit erwartet, erkennen zu können, wie – das heißt mit welchen künstlerischen Mitteln – diese Themen dargestellt werden. Bei einem Gedicht wie THE WORLD IS TOO MUCH WITH US ist dies noch relativ einfach, da Sprache und Form von den uns geläufigen Verwendungsweisen der Sprache abweichen.

Die Beobachtung, dass ein solcher Text »gemacht« bzw. »künstlich«, das heißt künstlerisch besonders geformt ist, liegt auf der Hand. Ganz anders stellen sich dagegen die Verhältnisse bei den zahlreichen Dramen, Erzählungen und Romanen dar, die wir als »realistisch« bezeichnen. Dort wird ganz gezielt alles vermieden, was auf die »Künstlichkeit« des Textes aufmerksam machen könnte. So wird beim Leser bzw. Zuschauer die Illusion erzeugt, er sei unmittelbar mit der Wirklichkeit konfrontiert.

7.3 Interpretation und Analyse eines Gedichtes

Es fällt zunächst schwer, aus der Fülle der Gedichte eines auszuwählen, das nicht unbedingt zum »Standardprogramm« der Oberstufe gehört und doch klausurrelevant ist. Auch haben wir uns entschlossen, einmal kein Sonett zu nehmen, da diese aufgrund ihrer Kürze, des festen Schemas (14-Zeiler, Petrarchan, Shakespearean) und des meist regelmäßigen Rhythmus' und Metrums häufig im Unterricht besprochen werden (vergleiche hierzu auch die Anmerkungen zu diesem Kapitel). Außerdem finden Sie einige Hinweise zur Bearbeitung eines Sonetts auf den vorhergehenden Seiten.

Die entscheidene Frage am Anfang ist immer »Wie gehe ich an ein Gedicht heran?« Dazu möchten wir hier einige wichtige Tipps und Hilfen geben:

- Gehen Sie möglichst offen an das Gedicht heran, das heißt versuchen Sie, Vorurteile bzw. eine vorgefasste Meinung zu vermeiden.
- Kapitulieren Sie nicht gleich nach dem ersten Lesen, denn viele Gedichte erschließen sich erst nach und nach, je mehr man sich mit ihnen beschäftigt und sich auf Inhalt, Aufbau und dichterische Mittel (*poetic devices*) einlässt. Nach einmaligem Lesen kann man noch keine *deeper meaning* erkennen. Ja, es gibt sogar die Aussage »Ein Gedicht, das man nach dem ersten Lesen versteht, ist kein gutes Gedicht.«
- Akzeptieren wir unsere bescheidenen Fähigkeiten, mit Sprache und insbesondere Dichtung umzugehen. Es gibt nicht die absolute, die einzig richtige Interpretation! Wie viele Schülergenerationen haben schon darunter gelitten und tun es vielleicht noch, dass nur die Lehrer(innen)meinung gilt. Vielmehr sollte gelten, inwieweit kann ich meine Interpretation und Analyse am Gedicht selbst belegen. Einmal abgesehen von Form, Inhalt und poetischen Mitteln werden die Meinungen über die Interpretation, also die Auslegung und die Intentionen des Dichters, recht häufig auseinander gehen.
- Kommentieren Sie nicht jedes Wort oder jedes dichterische Mittel, sondern konzentrieren Sie sich auf das Wesentliche. Lassen Sie sich von der Frage leiten »Was trägt zum Gesamtverständnis bei und was kann durch andere Leser nachvollzogen, bestätigt oder auch herausgefunden werden?«

Wir werden uns auch nicht mit verschiedenen Schulen wie der psychoanalytischen oder der marxistischen auseinandersetzen. Auch die Frage, ob man ein Gedicht nur werkimmanent interpretieren kann, spielt hier keine Rolle. Wir können nicht immer davon ausgehen, dass die Schülerinnen und Schüler beispielsweise etwas über den sozialen oder politischen Hintergrund des Dichters gelernt haben.

Die folgenden zwei Schemata sollen Ihnen helfen, die Aufgabe der Gedichtinterpretation zu bewältigen. Verstehen Sie diese bitte als (zwei mögliche) Vorschläge:

Schema 1:

Vorgehensweise	Merkmale
1. Lesen und Vertrautmachen	Gesamtverständnis
2. Tiefere Bedeutung erfassen	Thema, Hauptaussagen strophen- und zeilenweise Analyse Absicht des Dichters
3. Poetische Mittel	
a) Struktur/Aufbau	z. B.: Reimschema Versmaß Strophenform Enjambement ...
b) Sprache	z. B. Bilder Metaphern Vergleiche Personifikation Parallelismen Paradoxa/Oxymora Synekdoche Metonymie Hyperbole Litotes Ironie lexikalische/grammatische Besonderheiten Wortspiele (puns) ...
c) Klang	z.B. Alliteration Assonanzen Onomatopoeia Vokale (hell/dunkel?)

Natürlich werden nicht immer alle dichterischen Mittel in einem Gedicht verwendet, dennoch sollten Sie die wesentlichen kennen, damit Sie sie auch entdecken und analysieren können.

Schema 2

1.	Wovon handelt das Gedicht? Wie lautet die Überschrift? Welches Thema oder welche Situation wird dargestellt?
2.	Wer spricht und wer wird angesprochen?
3.	Welcher Art ist das Gedicht: erzählend, beschreibend, reflektierend?
4.	Was ist die Absicht des Dichters, und wie versucht er, diese zu vermitteln (dichterische Elemente)?
5.	Welche Gedanken und Gefühle werden beim Leser erweckt und warum?

Dieses Schema kann vereinfacht werden zu den zwei Fragen:

- "Who speaks to whom about what and how?"
- "What is the effect and why?"

Literaturhinweise:

Einen sehr guten Einblick in die dichterischen Mittel bietet:

Geoffrey N. Leech, A Linguistic Guide to English Poetry

Das folgende Buch bietet in hervorragender Form Hilfen zur Sprache und zum Aufbau einer Gedichtanalyse und gibt tabellarisch wertvolle Vokabelhilfen:

Rotter/Bendl, Your Companion to English Literary Texts, Bd. II

Haben Sie nun zu einem der Schemata entsprechendes »Material« gesammelt, dann stellt sich die Frage nach der Organisation bzw. dem Aufbau der eigenen Ausführungen. Diese sollten klar erkennbar die folgende Dreiteilung enthalten. Die Unterpunkte sind Vorschläge.

1. Einleitung
◆ Dichter, Überschrift und Thema des Gedichtes
◆ eventuell die Zeitepoche und Art des Gedichtes (z. B. Sonett)
Hauptteil
◆ Aufbau und Unterteilung des Gedichtes (strukturell und inhaltlich: gibt es Übereinstimmung?)
◆ poetische Mittel und ihre Wirkung auf den Leser
◆ Analyse Strophe für Strophe, eventuell Zeile für Zeile
◆ Wortwahl und – falls auffällig – Klang (Wortfeld, Vokale), eventuell Schlüsselwörter
Wichtig: Die dichterischen Mittel müssen nicht nur erkannt, sondern vor allem analysiert und auf ihre Funktion hin geprüft werden!
Schluss
◆ Das Gedicht als Ganzes würdigen und den Gesamteindruck (Titel, Inhalt, Form) abschließend wiedergeben (geschlossene Einheit)

Wir haben nun diese beiden Schemata vorgestellt, die Ihnen unterrichtsbegleitend helfen sollen, ein Gedicht zu analysieren.

Diese Ausführungen und Vorschläge müssen sich in einer Klausur an der Aufgabenstellung orientieren. Somit wird die freie Gedichtinterpretation dann zu einer gelenkten Analyse. Die Schemata stellen in ihrer Struktur eine Hilfe dar, damit nicht etwas Wichtiges vergessen oder übersehen wird, und sollen Ihnen Sicherheit im Umgang mit Gedichten und nicht zuletzt auch bei der Interpretation in der Abiturklausur geben.

Entscheidend ist aber immer die konkrete Aufgabenstellung, wie Sie sie beispielsweise im folgenden Kapitel finden.

Da es sich bei der Gedichtanalyse um einen der schwierigsten Bereiche der Deutung und des Verständnisses von Texten handelt, versteht es sich von selbst, dass man eine Gedichtinterpretation nicht nach nur einmaliger Beschäftigung mit diesem zufriedenstellend lernen kann. Es ist vielmehr notwendig, sich innerhalb der Oberstufe mehrmals damit zu beschäftigen, wie dies die Richtlinien ja auch vorsehen.

8 Erwartungshorizont in der Oberstufe

8.1 Richtlinien und Themen

Im Fremdsprachenunterricht der Oberstufe wird man immer wieder vor die Aufgabe gestellt, sich ausführlich schriftlich oder mündlich zu einem vorgegebenen Thema zu äußern – z. B. in Referaten, Kommentaren (*comment*) oder Essays. Dabei geht es häufig darum, literarische oder landeskundliche Fakten darzustellen, den Inhalt anderer Texte zutreffend wiederzugeben (*summary*) oder sich selbst zu einem bestimmten Problem ein begründetes Urteil zu bilden. Die wichtigsten Techniken, die man beherrschen sollte, um Aufgaben dieses Typs erfolgreich bearbeiten zu können, sollen hier unter Berücksichtigung der Richtlinien der Kultusminister vorgestellt werden.

Es ist wichtig für Sie zu wissen, was im Oberstufenunterricht des Faches Englisch auf Sie zukommt und was in der Abiturprüfung von Ihnen erwartet wird. Ausschlaggebend hierfür sind die Richtlinien der Kultusminister mit ihren Vorgaben für die Lehrerinnen und Lehrer. Diese Richtlinien sind relativ detailliert für das Land Nordrhein-Westfalen ausgearbeitet, während sie bei anderen Bundesländern wie beispielsweise Baden-Württemberg und Niedersachsen dagegen recht allgemein gehalten sind.

In den Richtlinien gibt es keine prinzipiellen Unterschiede zwischen Grund- (GK) und Leistungskurs (LK), was die Themen betrifft. Es gibt im Wesentlichen graduelle Unterschiede, das heißt Ihre Kenntnisse müssen nach dem LK-Kurs natürlich umfangreicher sein (Information, Wortschatz, Idiomatik, Grammatik) als nach einem GK, da ja auch ein sechsstündiger Kurs viel intensiver ist als ein dreistündiger.

Die Themen stammen aus drei Bereichen, nämlich Literatur, Linguistik/Sprache sowie Landes-/Kulturkunde. Weiterhin gibt es drei Lernbereiche: Sprachbeherrschung (Wortschatz, Idiomatik, Grammatik), Wissen (allgemeines und spezielles), Methodenbeherrschung (Interpretation/Analyse, Informationsentnahme, Darstellung).

Jede Lehrerin bzw. jeder Lehrer kann Ihnen hierzu Informationen geben bzw. die entsprechenden Punkte aus den Richtlinien kopieren, denn diese sind auch für Schülerinnen und Schüler da.

Es versteht sich von selbst, dass hier nicht Beispiele für den gesamten Lehr- und Lernstoff der Oberstufe gegeben werden können. Wir greifen die Wichtigsten heraus, die erfahrungsgemäß in Abiturprüfungen am häufigsten vorkommen.

Es wird nach dem letzten Kursabschnitt nur geprüft, was auch im Unterricht behandelt worden ist, über die Intensität Ihrer Vorbereitungen entscheiden Sie selbst. Das Literaturverzeichnis gibt Ihnen eine Fülle an praxisnahen und schülerorientierten Materialien, die Sie jeweils unterrichtsbegleitend, je nach Kursthema, verwenden können. Darüber hinaus finden Sie auch Hilfen zur Aufarbeitung der Grammatik, des Wortschatzes (Lexik), der Terminologie der Textinterpretation sowie Systematiken zu typischen Fehlern und Interpretationshilfen.

Es ist durchaus legitim, sich zu dem jeweils behandelten Stoff Analysehilfen zu besorgen, Hilfen, auf die die Lehrerinnen und Lehrer auch zurückgreifen. Hierüber geben Buchhandlungen und Verlagsprospekte Auskunft.

! **Literaturhinweis: Zur Verbesserung des Lernbereiches Sprachbeherrschung, hier insbesondere des Wortschatzes seien die von Verlagen wie z. B. Klett oder CVK herausgegebenen Bände »Thematischer Grund- und Aufbauwortschatz« (mit Übungsbüchern) oder die Bände »Thematischer Mittelstufenwortschatz« und »Thematischer Oberstufenwortschatz« sehr empfohlen.**
Eine große Hilfe für Ihren Wortschatz sind auch die im Literaturverzeichnis aufgeführten Wortschatzsammlungen wie die Werke von Bodenschatz und Werlich.

8.2 Obligatorische Lerninhalte

Folgende Themen sollen im Oberstufenunterricht unter anderem behandelt werden:

- soziokulturelle Themen
  - staatliche Institutionen (US, GB)
  - politische Parteien
  - Minoritäten
  - Erziehungswesen
  - Wirtschaft/Technologie
  - Medien
- Textproduktion (Textarten, Textformen, Komposition)

  Textarten:
  - *summary*
  - *summarising minutes*
  - *comment*
  - *text interpretation*

  Textformen:
  - *technical description*
  - *scientific argumentation*
  - *definition*
  - *explication*
  - *report*
  - *instructions*
- Textrezeption fiktionaler Texte
  - *short story*
  - *poem*
  - *novel*
  - *drama*
- Textinterpretation nicht-fiktionaler Texte (Sachtexte)

Im LK müssen ein Shakespeare-Drama (in Klasse 12) und ein modernes Drama besprochen werden. Im GK ist kein Shakespeare-Drama vorgesehen.

8.2.1 Stoffverteilung

Da die Jahrgangsstufe 11 noch vorbereitenden Charakter hat und eine Unterteilung in GK und LK erst in Stufe 12 wirksam wird, soll an dieser Stelle die modellhafte Darstellung von Unterrichtssequenzen für die Klassen 12 und 13 erfolgen:

	GK	LK
12/1	novels	The American Dream
	poems	drama
	political power (institutions, parties, unions)	poems
	expository essay	language (BE, AE)
		The media
12/2:	Northern Ireland	Life in cities (relations, violence, ...)
	The media	drama
	Irish literature (drama, short stories, poems)	expository essay/ scientific argumentation
		language (fictional, non-fictional texts)
13/1:	drama	alternative societies (Utopia)
	social groupings (minorities, classes)	novels
	scientific argumentation/ expository essay	poems
	short stories (Utopia)	expository essay
	novels (Utopia)	problems of tomorrow
		scientific argumentation
		minorities in society (GB, US)
13/2:	poems	British politics
	politcal speech/reporting	expository essay
		text forms of the newspaper
		poems
		drama
		short stories

Natürlich können im GK auch Themen des LK übernommen werden, je nach Leistung und Zeit. Der Stoff unterscheidet sich nur graduell, nicht prinzipiell. Jede Lehrerin bzw. jeder Lehrer und jede Lektüre hat gewisse Präferenzen. Es empfiehlt sich deshalb nachzufragen, was in welcher Reihenfolge und wie intensiv besprochen wird. So können Sie auch Interesse und Motivation zeigen.

8.2.2 Hinweise zum systematischen Lernen

Sie sollten mit dem systematischen Lernen so früh wie möglich anfangen (unterrichtsbegleitend) und nicht erst kurz vor dem Abitur alles aufholen wollen. Dies funktioniert nicht! Lernen Sie systematisch, so bekommen Sie auch nach und nach (zusätzlich zum Deutschunterricht) einen Einblick in Literaturgattungen, Textsorten sowie die Strukturierung und den Aufbau (Komposition) von Texten. Prägen Sie sich nach und nach das fachspezifische Vokabular ein, und wiederholen Sie es regelmäßig. Sie brauchen dieses Text- und Analysevokabular als Grundlage.

8.3 Grundsätze zur Bewertung der schriftlichen Abiturleistung

Die Anforderungen in den Grund- und Leistungskursen sind grundsätzlich nach folgenden Kriterien zu unterscheiden:

- Umfang des im Unterricht behandelten Stoffes
- Menge der zu verarbeitenden Information (Textlänge im GK: etwa 500 Wörter; LK: etwa 700 Wörter)
- Grad der Komplexität (Zahlen, Fakten, Probleme)
- Abstraktionsebene/-grad (Übertragung auf neue Situationen)

Unabhängig davon werden die Bereiche Inhalt und Sprache prozentual gewichtet:

Abitur			
Inhalt:	Text-/Problemverständnis		40 %
	Argumentation		
	Urteilsbildung		
Sprache:	FQ (Fehlerquotient)	30 %	60 %
	AV (Ausdrucksvermögen: Komposition, Stil)	30 %	

Aus dieser Tabelle geht deutlich hervor, dass bei der Bildung der Gesamtnote der sprachlichen Leistung eine größere Bedeutung zukommt als der inhaltlichen. Hinzu kommt, dass eine ungenügende sprachliche Leistung eine Gesamtnote von mehr als 3 Punkten (= 5+) einfacher Wertung ausschließt. Bei einem »ungenügend« in einem der Teilbereiche Inhalt oder Sprache kann die gesamte Abiturklausur nicht mehr »ausreichend« genannt werden.

Da dem Sprachlichen so viel Wert beigemessen wird, ist es notwendig im Unterricht, nicht nur zu lernen, wie ich mich besser, verständlicher und in der Fremdsprache adäquater (idiomatischer) ausdrücken kann, sondern auch, wie ich meine Gedanken sinnvoll ordne und systematisch im Vortrag vorstelle bzw. schriftlich formuliere. Dies geschieht anhand von Stichworten, Referaten zu einem Thema oder auch durch die *summarizing minutes*. Die systematische Erarbeitung von Fakten und Verbesserung der Technik ihrer Darstellung (z. B. mündlicher Vortrag) muss im Unterricht regelmäßig geübt werden. Die *minutes* werden korrigiert und dann allen Schülerinnen und Schülern zur Verfügung gestellt.

9 Musterklausuren

In diesem Kapitel werden Ihnen anhand von abiturrelevanten Texten typische Aufgabenstellungen aufgezeigt. Im Abitur selbst bekommen Sie zwei Texte zur Auswahl vorgelegt, einen fiktionalen (dichterischen) und einen nicht-fiktionalen (Sachtext). Aus dem Themenkanon der Kursphase (→ Kapitel 8) können hier natürlich nur exemplarisch Hilfen gegeben werden nach dem Motto: »Wissen, was auf einen zukommt, ist schon die halbe Miete.« Somit kann und soll dieses Buch auch nur eine »Hilfe zur Selbsthilfe« sein.

Lassen Sie sich bei jeder Aufgabe von der Frage leiten »Kann ich das, was ich schreibe, auch (am Text) belegen?« In der **Stellungnahme** sind Beispiele, nachvollziehbare Argumente oder Fakten erforderlich. Reine Behauptungen sind nicht akzeptabel. Seien Sie vorsichtig bei absoluten Behauptungen. Oft ist es angebracht, vorsichtiger zu formulieren (*very often, usually, sometimes* ...).

Sie erhalten bei vielen Klausuren ein paar wichtige Tipps und Hinweise, die unsere Erfahrungen im Oberstufenunterricht, mit Abiturklassen und in der Abiturprüfung selbst widerspiegeln. Sie sollen Ihnen Sicherheit geben, gut vorbereitet zu sein, die Erwartungen zu kennen und nicht durch unerwartete Fragen oder Aufgaben überrascht zu werden. Das soll an dieser Stelle genügen. Wir kommen später noch auf das schriftliche und mündliche Abitur zurück, wenn es um das Verhalten und Vorgehen in der Prüfung selbst geht.

Teilweise können wir hier auch nur stichwortartige Lösungen geben (zu Muster- und Modellinterpretationen → Literaturverzeichnis). Wir haben Textbeispiele für Grund- (GK) und Leistungskurse (LK) gewählt, die in drei bzw. sechs Zeitstunden zu bearbeiten sind. Sie können also, wenn Sie wollen, sich selbst testen, vorausgesetzt natürlich, Sie schauen sich nicht schon vorher unsere Lösungsvorschläge an.

Lösungsvorschläge heißt: Wir bieten Ihnen *Möglichkeiten* der Interpretation und Analyse. Das heißt aber nicht: Die »allein-seligmachende«, absolute und einzige Lösung. Diese gibt es nicht!

Im Abitur werde in jeder Klausur vier bis acht (hier: zwei bis fünf) Aufgaben mit Teilaufgaben gestellt, die die Bereiche Inhalt, Form und Stellungnahme abdecken müssen.

9.1 Beispielklausur zum Thema »The Media« (LK): The Press: Popular Press – Quality Press

Textbeispiel 1

RAID CLUE IN PUB BOMBER HUNT

By EDWARD LAXTON

The man in black being hunted by police investigating the Guildford pub bombings may also have shot an Army colonel.

A week before the explosions a gunman wounded Lieutenant-Colonel Richard Pinder at his home at Tidworth, Wilts.

When the colonel answered a knock at his door a caller in black opened fire on him with a pistol.

The colonel leaped to one side, and one bullet hit him in the foot.

The description of the gunman fits that of the bomb suspect.

Both are dark haired and had on a black leather belted coat.

Yesterday Assistant Chief Constable Chris Rowe said "We are checking to see if this is the same person, but the descriptions are certainly similar."

Sappers

Colonel Pinder is commanding officer of the 22nd Royal Engineers.

And sappers from the Royal Engineers were drinking in the two pubs in Guildford when bombs went off on Saturday night killing five people. W R A C recruit Carol Burns has now recovered from the serious injuries she got in the blast at the Horse and Groom pub. Her parents, Robert and Eileen Burns, are still in an intensive care unit.

Surrey police have now interviewed 1,000 people in their investigations and masses of information is still coming in by phone.

Police are also investigating a call claiming that the International Marxists and IRA were jointly responsible for the bombing.

A man telephoned Yorkshire TV saying: "The International Marxists and IRA are responsible for the Guild-ford bombs. Now that we are all clear we can reveal this."

The message was relayed to the Guildford murder room by Yorkshire detectives.

(Daily Mirror, 11. 10. 1974) Aus: Detlef von Ziegesar, What the Papers Say, in: Peter Freese (Hg.), Texts for English and American Studies, Bd. 13, Paderborn, Schöningh 1983

1 Lieutenant Colonel: military officer next in rank below a Colonel
2 Wilts.: abbreviation for 'Wiltshire'
16 sapper: soldier in engineering corps
18 22nd Royal Engineers: army corps
22 WRAC: Women's Royal Army Corps
34 IRA: Irish Republican Army: paramilitary force fighting for the reunion of Ireland

Textbeispiel 2

Police look for man in black

By PETER CHIPPINDALE

The police investigation into the Guildford bomb attacks seemed to have got no further by last night. Although there were two new developments during the day neither appeared to be of much significance, and by last night there was no sign of any repeat of the bomb attacks, which the police warned about strongly on Wednesday.

The first development during the day came when the Assistant Chief Constable of Surrey, Mr Christopher Rowe, said that detectives were investigating to see whether there was any link between the man in black, who has now emerged as the chief suspect, and the gunman who shot an army colonel in Wiltshire a week earlier.

But the only connection between the two incidents seems to be the similarity in the descriptions. The gunman who knocked at the door of the home of Colonel Richard Pinderat Perham Down, Tidworth, was described as about 28, 5ft. 10in. tall, with dark hair and glasses, and wearing a black leather car coat with a belt. The man the Surrey police are looking for is described as about 30, 5ft. 6in. to 5ft. 8in., slim built, with darkish hair. He was also wearing a black coat, possibly leather and belted.

The gunman who called on the Colonel, the commanding officer of the 22 Regiment Royal Engineers, fired four shots at him after asking his name. One hit the colonel in the foot.

At the time the police said that they had almost entirely ruled out an Irish connection and the main suspicion was that the gunman was somebody with a personal grudge. There appears to have been nothing during the course of theirinquiries which has altered this view.

The second development yesterday was when a man, speaking in a clear precise voice and with an educated accent, rang Yorkshire Television and said: "The International Marxist group and the IRA are responsible for the Guildford bombs. Now that we are all clear we can reveal this."

Although the police are investigating the call it takes matters little further. The IRA has not been admitting responsibility for any of the bombings in England, and it would certainly not ring Yorkshire Television if it was going to.

(Guardian, 11. 10. 1974) Aus: Detlef von Ziegesar, What the Papers Say, in: Peter Freese (Hg.), Texts for English and American Studies, Bd. 13, Paderborn, Schöningh 1983

Aufgaben

1. Give a summary of the two articles (one for both).
2. Compare the composition and structure of both articles with the help of what you know about popular and quality press (language, linguistic features).
3. Which text group, text type and text form do the articles belong to and why?
4. Describe the different effects popular and quality press can have on their readers.

Lösungsvorschläge

Zu Aufgabe 1

Both articles describe the police investigation into the Guildford bomb attacks. They tell the story of a man in black, who shot an army colonel. The police are asking whether it is one and the same man responsible for all this. There has been a telephone call claiming that "The International Marxists and the IRA are responsible for the Guildford bombs." Police have questioned about 1000 people but do not have any hint at "an Irish connection". They see the only connection in the fact that the descriptions of the man are similar.

Zu Aufgabe 2

Popular Press: Daily Mirror Article "Raid Clue in Pub Bomber Hunt"	Quality Press: Guardian Article "Police look for man in black"
Headline: Every letter capitalised and in bold face, incomplete sentence, rhythmic, 5 nouns, 1 pronoun	Headline: Complete sentence, in bold face
Sub-headline, enlarged T	No sub-headline
Subheading: Sappers	No subheading
passages: 14 short passages	passages: 7 longer passages
sentences: relatively short (often one-sentence passages), simple structure	sentences: long and subordinate, hypotaxis (ex.: passage 2 = 1 sentence) consisting of 11 lines), complex
words: martial, hammering home the content, colloquial, informal (ex.: hunt, bombing, shot, kill, bullet, gunman ...)	words: more descriptive, explaining, careful (ex.: seemed to have, although, during, appeared to be, no sign of, development, to see whether, descriptions, almost, entirely, ruled out, ...)
quotations: 2	quotations: 1

Diese Information bzw. das hier Herausgearbeitete muss natürlich sprachlich sinnvoll umgesetzt werden. Die Fakten dürfen nicht sinnentleert aneinander gereiht werden, sondern müssen miteinander verknüpft und gedeutet und anschaulich geschrieben werden.

Die Frage könnte lauten: Was soll wem und wie vermittelt werden (Leserschaft)? Wir sprechen von *initiators, connectors (links) and terminators* wenn wir einleitende, verknüpfende und abschließende Elemente oder *phrases* benutzen. Diese stilistischen und idiomatischen Wendungen sind nicht zu unterschätzen, ja machen einen Großteil des Ausdrucksvermögens aus. Da sie so wichtig sind, sollen hier einmal einige aufgelistet werden.

start: initiators	
To begin/start with, ...	First (of all), ...
Firstly, ...	Initially, ...
In the first place, ...	...
connectors/conjunctions	
moreover, ...	furthermore, ...
what is more, ...	apart from this, ...
besides, ...	in addition (to this), ...
thus ...	from this follows that ...
more generally speaking ...	..., i. e., ...
..., e. g, ...	whereas ...
however, ...	accordingly, ...
similarly/equally important ...	more important still is ...
what is more important ...	above all ...
despite/in spite of ...	(al)though ...
nevertheless/nonetheless, ...	on the other hand, ...
in other words, ...	both ... and ...
instead of ...	... as well as ...
somehow ...	for that reason, ...
that is why ...	...
Terminators/Conclusions	
To come to an end ...	As a result/consequence ...
To conclude/come to a conclusion ...	Taking everything into account ...
In a word ...	Altogether ...
At the end ...	In short .../In brief ...
To sum (this) up I would like to ...	Therefore, ...
Finally, ... /Eventually ...	For that reason, ...
In conclusion ...	To put it in a nutshell/In a nutshell, ...
Taking everything into consideration ...	In short, ...
Last but not least ...	Briefly speaking ...
Having all this in mind ...	Summing up ...
Consequently, ...	To round this off ...
...	

Sie könnten also unter Zuhilfenahme des Erarbeiteten z. B. wie folgt beginnen:

Comparing the two articles, their composition and structure one can say that the most striking features are the headlines. The Daily Mirror headline is even larger than the Guardian's. The function of headlines is to catch the reader's interest, to make her/him buy the newspaper. In "Raid Clue In Pub Bomber Hunt" we have five nouns taken from the language of the army whereas in "Police look for man in black" we have a normal, complete sentence which does not sound so sensational.

The next striking item is the subheading in the popular press article with the capital T. It is also written in bold-faced letters. Both these features make you read on. There are no such things in the Guardian's article.

What is also different is the use of a subheading in the Mirror article. So there is a subdivision in the text which makes it easier to divide the text at first sight.

One major difference between a popular press and a quality press article is that the first one wants to give you many items of information in a relatively small space and the latter one tries to give you more background information (expectations of the readers).

From this follows that we have 14 short passages in the first and 7 larger passages in the second article. The more we read the less interesting the information in the Mirror article gets and the smaller the letters become.

This can make you conclude that the most important news is at the beginning and you need not read the article to the end if you do not have much time or you lose interest.

You would not buy a newspaper containing much detailed information if you did not have the time to read it through. So not only the composition and structure of a quality press article are different but also the sentences, the choice of words, the complexity of the whole article. For example, the second paragraph (11 lines!) in the Guardian article consists of only one sentence. So here the reader has to concentrate for longer periods of time. The variation in type size is missing in the second article which makes it harder to read. This is a common feature in quality press papers.

! Literaturhinweis: **Für eine gründliche Vokabelarbeit sehen Sie bitte unter dem Stichwort Wortschatz im Literaturverzeichnis nach.**

Dies soll an dieser Stelle einmal als Beispiel genügen. Je nachdem was ein Text oder zwei Texte im Vergleich hergeben, kann man weiterhin die Wortwahl untersuchen, eventuell Wortfelder herausfinden, sich die Wortarten (*nouns, verbs, adjectives, ...*) ansehen. Gibt es grammatische, phonologische oder literarische Besonderheiten wie z. B. Alliteration, Vergleiche, Bilder, Metaphern, *puns* (Wortspiele)?

Doch das Erkennen und Herausfinden ist eine Sache, den Effekt auf den Leser, die Absicht des Autors darzustellen ist die andere. Hieraus folgt, dass also immer eine Verbindung zwischen Ursache/Absicht und Wirkung hergestellt werden sollte.

Man könnte sich auch die Frage stellen, was diesen Artikel so (un-)interessant macht. Gibt es Zitate, viele Zahlen, Fragen, Aufforderungen (*sentence types*), Thesen, Belege, Schlussfolgerungen Ausblicke?

Und denken Sie bitte immer daran: Sie sollen beweisen, dass Sie gut mit der Fremdsprache umgehen, sich differenziert äußern und idiomatisch schreiben und sprechen können. Das heißt, je größer Ihr aktiver Wortschatz ist, und je belesener Sie sind (das Unterbewusstsein lernt auch mit), desto besser können Sie sich ausdrücken.

Achten Sie außerdem bei Ihrer Zeiteinteilung darauf, ob Sie zwei Texte vergleichen müssen oder nur einen Text zur Analyse vorliegen haben. Noch ein Tipp zum Schluss: Kommen Sie vom Globalen (erster Eindruck, grobe Unterteilungen, Auffälliges) zum Detaillierten.

Beziehen Sie Ihre Äußerungen auf die Aufgabenstellung und vergessen Sie nicht, Ihre Erkenntnisse in einem Schlusssatz abzurunden bzw. zum Ausgangspunkt zurückzukehren.

! **Literaturhinweis: Zu diesem Abschnitt sind die folgenden Bücher sehr zu empfehlen:**
E. Werlich, Typologie der Texte
derselbe, A Text Grammar of English
Genauere Angaben finden Sie im Literaturverzeichnis.

Zu Aufgabe 3

Sie müssen im Oberstufenunterricht etwas über Textarten und -formen gelernt haben, sodass Sie im Abitur dazu Stellung nehmen und den jeweilig vorliegenden Text zuordnen können.

Wir haben hier die Textgruppe *non-fiction*, den Texttypus *narrative* und die Textform *news story* vorliegen. *Narrative* insofern als die Artikel die *bomber hunt* erzählen und *news story*, da sie eine *story* über ein *news item* sind.

Eine *news story* ist eine Geschichte über ein *news item* (eine reine Nachrichtenmeldung). Sie versucht, unabhängig von der Meinung des Autors, Fakten und Ereignisse darzustellen. Der Leser kann sich also seine eigene Meinung bilden.

Andere Textformen wären z. B. Leitartikel, Kommentare, Berichte, Leserbriefe oder Reportagen.

Zu Aufgabe 4

The first newspaper that springs to your mind when you are speaking about the popular press in Germany is of course "Bildzeitung". There are large photographs and oversize headlines on the front page with only a little bit of text. Catchy headlines and sensational photos are chosen in order to attract the reader's attention, to make her/him interested in the latest news and buy the paper. Such papers usually write what people want to read and hear and they do this in an easy-to-read language, i. e. short and popular words and familiar phrases. A popular press newspaper is a quick-to-read product for millions of readers. It deals with the "human side" of the news, uses therefore a personal and an informal way of writing. So one can say it serves the needs of the great mass of readers by exploiting "human interest" stories.

Popular press newspapers usually contain more photographs and cartoons but offer less serious political or cultural news. Headlines like "Raid Clue in Pub Bomber Hunt" often only reveal something about "what" happened. Information about "who", "where", "when", "how" and "why" are given step by step in short passages or paragraphs. The more important the individual news items are, the larger the letters are and vice versa.

When you decide to buy a newspaper of the quality press, e. g. "Frankfurter Allgemeine Zeitung" or "Süddeutsche Zeitung", to name only two, you want to have detailed information. You do not just sit down for 15 or 20 minutes, but you take quite some time to enjoy your newspaper. In most cases these papers are read by well-educated people. Layout and style are completely different. Space is not so much used for pictures or large letters but for information. Articles and paragraphs are longer, sentences are more complex (subordinate clauses/hypotaxis) and often formal and reserved.

The quality press does not offer what the reader wants to read, but what (s)he ought to read. It demands a certain knowledge and education (foreign words) and forces the reader to read an article closely and completely.

From this follows that quality press papers have a smaller circulation and readership.

Of course, every newspaper or magazine influences or even manipulates its readers, e. g. by the choice of pictures, headlines or words. But this danger is not so high with the quality press.

In our article "Police look for man in black", taken from the *Guardian*, even the headline is much more neutral and not catchy or sensational at all. The purpose of this article is not primarily to amuse and entertain but to inform. This news story does not so much appeal to the reader's emotions and is therefore not so dramatic.

To come to a conclusion you can say that you decide for yourself what kind of information you want to have and how you want to have it presented before you buy a newspaper. How much time do you have, how detailed do you want the information to be? Does an article/a newspaper reflect public opinion or does it keep a critical eye on events and news? Aren't newspapers decision-makers, too? Is the news (report) written in an objective or distorted/biased way, is it clear or ambiguous, precise or exaggerated?

As you can see the influence and effects of a certain style or way of writing can be enormous.

9.2 Beispielklausur zum Thema »Drama/The American Dream« (LK): Arthur Miller, Death of al Salesman

Arthur Miller: Death of a Salesman (Auszug)

Biff [starting to go out after Willy]: What the hell is the matter with him? [Happy stops him.]

Linda: Don't – don't go near him!

Biff: Stop making excuses for him! He always, always wiped the floor with you. Never had an ounce of respect for you.

Happy: He's always had respect for –

Biff: What the hell do you know about it?

Happy [surlily]: Just don't call him crazy!

Biff: He's got no character – Charley wouldn't do this. Not in his own house – spewing out that vomit from his mind.

Happy: Charley never had to cope with what he's got to.

Biff: People are worse off than Willy Loman. Believe me, I've seen them!

Linda: Then make Charley your father, Biff. You can't do that, can you? I don't say he's a great man. Willy Loman never made a lot of money. His name was never in the paper. He's not the finest character that ever lived. But he's a human being, and a terrible thing is happening to him. So attention must be paid. He's not to be allowed to fall into his grave like an old dog. Attention, attention must be finally paid to such a person. You called him crazy –

Biff: I didn't mean –

Linda: No, a lot of people think he's lost his – balance. But you don't have to be very smart to know what his trouble is. The man is exhausted.

Happy: Sure!

Linda: A small man can be just as exhausted as a great man. He works for a company thirty-six years this March, opens up unheard-of territories to their trademark, and now in his old age they take his salary away.

Happy: [indignantly]: I didn't know that, Mom.

Linda: You never asked, my dear! Now that you get your spending money someplace else you don't trouble your mind with him.

Happy: But I gave you money last –

Linda: Christmas-time fifty dollars! To fix the hot water it cost ninety-seven fifty! For five weeks he's been on straight commission, like a beginner, an unknown!

Biff: Those ungrateful bastards!

Linda: Are they any worse than his sons? When he brought them business, when he was young, they were glad to see him. But now his old friends, the old buyers that loved him so and always found some order to hand him in a pinch – they're all dead, retired. He used to be able to make six, seven calls a day in Boston. Now he takes his valises out of the car and puts them back and takes them out again and he's exhausted. Instead of walking he talks now. He drives seven hundred miles, and when he gets there no one knows him any more, no one welcomes him. And what goes through a man's mind, driving seven hundred miles home without having earned a cent? Why shouldn't he talk to himself? Why? When he has to go to Charley and borrow fifty dollars a week and pretend to me that it's his pay?

How long can that go on? How long? You see what I'm sitting here and waiting for? And you tell me he has no character? The man who never worked a day but for your benefit? When does he get the medal for that? Is this his reward – to turn around at the age of sixty-three and find his sons, who he loved better than his life, one a philandering bum –

Happy: Mom!

Linda: That's all you are, my baby! [To Biff] And you! What happened to the love you had for him? You were such pals! How you used to talk to him on the phone every night! How lonely he was till he could come home to you!

Biff: All right, Mom. I'll live here in my room, and I'll get a job. I'll keep away from him, that's all.

Linda: No, Biff. You can't stay here and fight all the time.

Biff: He threw me out of this house, remember that.

Linda: Why did he do that? I never knew why.

Biff: Because I know he's a fake and he doesn't like anybody around who knows!

Linda: Why a fake? In what way? What do you mean?

Biff: Just don't lay it all at my feet. It's between me and him – that's all I have to say. I'll chip in from now on. He'll settle for half my pay cheque. He'll be all right. I'm going to bed. [He starts for the stairs.]

Linda: He won't be all right.

Biff: [turning on the stairs, furiously]: I hate this city and I'll stay here. Now what do you want?

Linda: He's dying, Biff.

[Happy turns quickly to her, shocked.]

Biff [after a pause]: Why is he dying?

Linda: He's been trying to kill himself.

Biff [with great horror]: How?

Linda: I live from day to day.

Biff: What're you talking about?

Linda: Remember I wrote you that he smashed up the car again? In February?

Biff: Well?

Linda: The insurance inspector came. He said that they have evidence. That all these accidents in the last year – weren't – weren't – accidents.

Happy: How can they tell that? That's a lie.

Linda: It seems there's a woman … [She takes a breath]

Aus: Arthur Miller, Death of a Salesman, edited and annotated by Karl Gruber, Frankfurt am Main, Verlag Moritz Diesterweg 1974

Aufgaben

1. State in a few sentences what Linda is trying to make clear to her two sons Biff and Happy.
2. Why is this scene important when you see the play as a whole?
3. Characterise Linda from this passage. Give reasons.
4. How does Biff see his father in this scene?
5. In how far has Miller's "Death of a Salesman" anything to do with the "American Dream"?

Lösungsvorschläge

Zu Aufgabe 1

Linda to Biff and Harry

- defends her husband
- demands attention/respect from her sons
- explains Willy's real life/character to the sons
- tries to explain Willy's strange behaviour
- opens the boys' eyes towards Willy's plan to commit suicide and makes them think again

Zu Aufgabe 2

This scene is important because

- Willy is shown from a realistic point of view, he is not well liked and respected.
- Loman (low man) is not the successful businessman, he is a pretender.
- Willy is shown as physically and mentally exhausted.
- Linda defends her husband and tries to understand him despite the fact that he is a "fake", as Biff says (l. 51), and a failure in the end.
- Linda seems to be the only person who really loves Willy with all his faults and weaknesses.

Zu Aufgabe 3

Linda

- gets realistic about Willy and tries to make Willy understood
- talks tough to Biff and Happy, wants them to accept, and what is more, respect their father
- calls her son Biff indirectly "a bastard" (l. 31) and "a philandering bum" (l. 42) and thus shows him what she really thinks about him and his behaviour
- as a wife and mother admires her husband after all and protects him by reproaching Biff and Happy and judging them

- forces Biff to face the fact that Willy is not the hero of Biff's dreams

Zu Aufgabe 4

Biff

- calls his father "a fake"
- describes his father as a man with "no character" (l. 8)
- sees his father as someone who never had any respect for his wife (that is to say Linda) and who "... always wiped the floor with you." (l. 3)
- no longer accepts any excuses for Willy
- sees many people who are worse off than Willy
- seems to have lost all the love he had for his father and no longer idolises him
- is very critical in this scene and disillusioned

Zu Aufgabe 5

- America as the "Land of Milk and Honey"
- a country of millionaires
- even dishwashers can become millionaires if they only work hard enough
- the land of democracy, freedom and liberty
- success and progress, money and power
- individualism and capitalism
- no frontiers, no limits
- everybody helps everybody else
- self-realization
- illusions about life, work, future, destiny, freedom and peace
- family values
- Miller's play is disillusioning before this background
- Willy Loman as a broken character after more than 30 years of hard work
- the American society as brutal, ruthless and egoistic
- there is no respect or appreciation without business success
- capitalism eats up its children
- not the successful businessman is shown, but a complete failure who commits suicide
- Miller is criticising the modern industrial society

Diese Aspekte verstehen sich als Vorschläge und Denkanstöße, können und sollen somit auch nicht vollständig sein. Fragen Sie sich einmal selbst, was Sie unter dem »Amerikanischen Traum« verstehen, eventuell vor dem Hintergrund von Martin Luther Kings »I have a dream«.

9.3 Beispielklausur zum Thema »Northern Ireland (GK): The Irish Republican Army – IRA

The Irish Republican Army – IRA (Auszug)

When the terrorism began on a large scale in 1970 the IRA were split into two rival groups, the Official IRA and the Provisional IRA. The object of both groups was the breakdown of society, the removal of the British army, the starting of a civil war between Catholics and Protestants and the destruction of Stormont.

The methods of the Provisional IRA were brutal. They planted bombs in crowded shopping centres, sometimes with awful results. They also killed soldiers and policemen. They destroyed countless buildings.

In February 1972, a new Loyalist organisation called "Vanguard" was formed by a former right-wing Stormont minister, William Craig. Its aim was to defend Stormont and keep the Ulster Protestants in control. It was violently opposed to direct rule from Westminster and yet wanted Ulster to remain part of the United Kingdom.

In an attempt to put an end to all the violence and misery, the British government took over full control of Northern Ireland, Stormont was suspended, at first for one year, and the Prime Minister and the cabinet resigned. An Englishman, William Whitelaw, was sent to Belfast as Secretary of State for Northern Ireland.

The violence continued throughout 1970–73. The British soldiers were now hated by Catholics and Protestants alike. In 1973 representatives of the British and Irish (Eire) governments and the more moderate Protestant and Catholic leaders met at Sunningdale in England. They agreed to set up a power-sharing government of Protestants and Catholics in Northern Ireland. But the extremists on both sides refused to accept power-sharing. The Loyalists were particularly furious because they suspected that power-sharing would be the first step towards a United Ireland in which Protestants would be a minority. This is their constant fear, although Protestants have never been persecuted by the people of the Irish Republic.

In 1974 the Loyalist Workers Council called a general strike. This put an end to the power-sharing government and forced the British government to reintroduce direct rule from Westminster. Now militant Protestant groups showed that they could be as violent as the IRA.

In the same year IRA terrorists came to Britain, planting bombs in pubs, hotels, tube stations, anywhere where there were crowds of people. No warning was given and many people were killed or wounded, but by the end of 1975 the police had caught most of the bombers.

The bitter opposition of the Protestants to the idea of power-sharing with the Catholic minority made a solution impossible. So the bombings and killings went on. By 1976 hardly a day passed without Catholic killing Protestant, or Protestant killing Catholic.

In the summer of 1976 the Women's Peace Movement was founded. There were soon thousands of followers, Protestants as well as Catholics. They called for an end to violence from all sides. The violence went on, but more and more terrorists on both sides were caught. There were no longer so many places where they could hide.

from "Britain Today", by Richard Musman; aus: Richard Musman (zusammengest. u. bearb.), United Kingdom? Untied Kingdom, Serie Britain in Focus, hg. von Peter H. Stold, Paderborn, Schöningh 1979

Aufgaben

1. Summarize the text in your own words.
2. How is the article composed, i.e. describe its structure.
3. What is the basic conflict between Protestants and Catholics in Northern Ireland (Ulster) according to the text?
4. From what you know and have learnt about Northern Ireland, the conflicts, terrorism or the Women's Peace movement, do you see any chance for a lasting peace? Give examples and reasons to corroborate your opinion.

Lösungsvorschläge

Zu Aufgabe 1

The text deals with Northern Ireland's problems, especially in connection with the IRA. The author informs us about the aims of the Official and the Provisional IRA, gives examples of their brutality and tells us something about the loyalist organisation "Vanguard". We learn something about the role of the British and how the violence escalated during the seventies.

Zu Aufgabe 2

When it comes to the composition and structure of this article you can easily follow its paragraphing. In passage 1 we learn something about the Official and the Provisional IRA and their aims. In paragraph 2 Richard Musman mentions some of the IRA's atrocities. In passage 3 we are informed about "Vanguard" and its goals. Then in paragraph 4 the British Government comes in. In the next two passages we learn more about the Catholics and the Protestants and their motivations, fears and violence. After that it is explained how the IRA went to Britain and why a solution seemed impossible.

The last two paragraphs reveal some information about the Women's Peace Movement and the problems even the terrorists have. So we have a well structured article here where the outer form, the layout corresponds to the content, i.e. the individual items of information we get. In addition, the author follows a historical line when he describes the "development" within the nineteen seventies.

Zu Aufgabe 3

In this article Richard Musman shows the history of terrorism in Northern Ireland (Ulster) through the seventies. The IRA claimed as its aim "the breakdown of society" (l. 2). The members tried to get rid of the British army and start a civil war. To reach their aim they planted bombs in public places like shopping centres, hotels or Underground stations, destroyed buildings and killed many policemen and soldiers.

Both groups, the Protestants and the Catholics, were strictly against the "direct rule from Westminster" (l. 25). The British government sent soldiers to restore peace and end all violence. From then on both groups hated the British. Attempts to share power failed because extremists from both sides were against this. The Protestants wanted to avoid a United Ireland in which they would be a minority and they did not want to share power with the Catholic minority in Northern Ireland either.

Since 1974 the IRA has been planting bombs outside Ulster. Even the Women's Peace Movement, a big hope in those days, failed in the end.

Zu Aufgabe 4

If you want to understand the conflict today, the violence, the stubbornness and the hatred, you must look a long way back into the Irish history and the long fight for freedom. It began as far back as 1169 when the Anglo-Normans invaded the island. Religion has always played an important role since the Irish stayed Catholic while the English became Protestants under Henry VIII (1509–1547). Under James I (1603–1625) many Protestants went to Ireland in order to control the Catholics. In 1649 Oliver Cromwell, the Puritan, slaughtered thousands of rebellious Irish Catholics and created a Protestant upper class. In 1690 William III. of Orange defeated them again in the Battle of Boyne. Then in 1845/1846 almost the complete Irish potato crop failed and caused the Great Famine among the very poor peasants who had mainly grown potatoes and heavily depended on them. More than a million people died and a further million had to emigrate to America.

Ulster's Protestants have never wanted to be a part of a united self-governing Ireland (Republic of Ireland) and the hatred among the Catholics, even in America, against the British (or better: the English) grew continuously. The terrible years of the Great Hunger have never been forgotten. 1916 the Great Easter Rising in Dublin was crushed and the leaders were killed. This is another historical date never forgotten by the Irish.

In 1956 the IRA started attacks near the Northern Ireland borders but until 1969 it had almost no support in its fight. But in the nineteen seventies more and more people, mainly in Belfast and Londonderry, followed and supported the IRA. In late 1969 the British Army intervened, but the killings and bombings continued. The Peace People, especially Mairead Corrigan and Betty Williams as their founders (1977), could not stop this process for very long, their influence declined after a few years. As you can see from this age-old conflict it is not easy to come to a compromise or even to mediate between the two groups. Despite all attempts at negotiations the British Army are still seen as intruders by the Irish Catholics and as protectors by the Protestants. Even today the Protestants have better houses and better schools and the election system is unjust. There is a lot of discrimination against Catholics by the Protestant majority in Ulster. There is no chance for a peaceful future without just and fair elections, the willingness to share power, to work together and to put up a self-governed parliament independent of Great Britain, i.e. Westminster.

In addition, vindictiveness/revengefulness has to be overcome, a process lasting at least several generations. Terrorists on both sides have to lay down their weapons, and democratically elected politicians and parlamentarians will make the British Army superfluous in Ulster. This process has been started in 1998 by an agreement between the Protestants and the Catholics with the help of Tony Blair, the British Prime Minister.

Political hardliners like Reverend Ian Paisley must no longer have so much influence. But this can only be done or shown by the people themselves.

Anmerkungen

Es ist unmöglich, einen solchen Konflikt, der so historisch und religiös verwurzelt und emotional geladen ist, in einer Klausur erschöpfend zu bearbeiten. Daher sollten Sie sich auf das Wesentliche beschränken und versuchen, Ihr Wissen geschickt in Ihre Argumentation einzubauen, beide Seiten zu berücksichtigen und, wie es die Aufgabenstellung verlangt, Beispiele und Gründe anzuführen.

Besinnen Sie sich immer wieder auf die Aufgabe. Es ist auch nicht Sinn der Sache, möglichst viel zu schreiben, sondern das, was zu Papier gebracht wird, sauber und ordentlich formuliert, ausgewogen (Für und Wider) und gut strukturiert (Absätze, Nachvollziehbarkeit) darzulegen. Vielleicht kann der Anfangssatz einen Bezug zur Aufgabenstellung herstellen und der Schlusssatz ein Fazit oder eine prägnante Zusammenfassung. In der Frage/Aufgabe, die auf Ihre Stellungnahme abzielt (und diese wird immer wieder gestellt!), sollten Sie natürlich auch Ihre Meinung sagen, aber bitte differenziert, nicht einseitig oder vorurteilsgeladen. Sie müssen nachweisen, dass Sie reflektieren und dialektisch (Pro und Contra abwägend) denken können. Drastisch formuliert könnte man sagen: Nicht schwafeln, sondern nachvollziehbar argumentieren, analysieren und belegen. Das Ganze in idiomatischem Englisch (deshalb ist der differenzierte Wortschatz so wichtig), das ist es.

9.4 Beispielklausur zum Thema »Life in Cities« (GK): Crime

Crime

The crime rate in the U.S., which rose dramatically in the 1960s and 1970s, has gone down steadily since 1980. Department of Justice statistics show that serious crimes (murder, rape, robbery, etc.) declined 7 percent nationwide in 1983 and an additional 4.5 percent the following year. In some areas, for example in New York City, crime decreased 17 percent over a three-year period, with homicides and burglaries down by 10 percent. However, experts who had predicted a further decline were puzzled when FBI figures for 1985 showed an increase in violent crimes.

Public opinion polls show that Americans view crime as one of the most serious problems of their society. Several studies have also shown that the amount of crime, especially violent crime, is frequently overestimated. Experts believe that this awareness and fear of crime is largely caused by the great attention it is given in newspapers and on television, and also because violent crime is a popular theme for television series and films. Many Americans are therefore surprised to learn that, according to Interpol, the "general crime rate per 100,000 inhabitants" for the U.S. is significantly lower than that for several other western nations such as Sweden, New Zealand, or Denmark, and not much higher than those for West Germany, Austria, or England.

Nevertheless, among all crimes, murder makes the headlines, and there is no doubt that homicides continue to be a serious problem in America. The U.S. had a murder rate (per 100,000 inhabitants) of 8 in the mid-1980s, compared, for instance, with a rate of 7 for Canada, 5 for Sweden and West Germany, and 4 for Italy. It makes a difference, of course, *where* someone lives in America. The murder rates (in 1985) for states such as Texas (13.0), Florida (11.4), and Michigan (11.2) contrast with those for Minnesota (2.1), Iowa (1.9), South Dakota (1.8), and North Dakota (1.0). In some parts of the country, above all in decayed, inner-city areas, most people keep their doors locked and do not walk alone at night. In other parts, few people take such precautions.

In the United States, as elsewhere, the causes of serious crime are hotly debated and many reasons for it suggested. Among these are unemployment, drug-abuse, poverty, inadequate police enforcement, ineffective courts, racial discrimination, consumerism, television, and "a general decline in middle-class values." Surprisingly, a major study of crime in the U.S. carried out by Northwestern University in 1982 found that "the number of poor people in a city is only marginally related to property or violent crime." In other words, American cities with a higher rate of unemployment and poverty do not necessarily also have a higher crime rate.

Many experts are coming to believe that only grass-roots efforts to improve community life overall will have a lasting effect. Many communities across the nation have started their own campaigns against crime, encouraging their citizens to participate in crime-prevention programs and to report crimes. Several civil rights groups actively support such "self-help" campaigns. In some neighborhoods, citizens participate in "neighborhood watch" programs and organize groups to patrol the streets.

Aus: D.K. Stevenson, American Life and Institutions, Stuttgart, Klett 1989

Aufgaben

1. Write down in a few sentences the main aspects of the text.
2. What does the author do to underline and stress the statements?
3. Where does the writer state his own opinion and how does he do it? Give examples.
4. What can we do to bring crime rates down?

Lösungsvorschläge

Zu Aufgabe 1

As the title suggests the text is about crime and crime rates. After an increase in the sixties and seventies figures declined in the eighties. Nonetheless, Americans still see crime and violence as a serious problem, whereas experts regard this fear as exaggerated and caused mainly by the media. If you compare the murder rates in the US with European ones, they were not much higher in the eighties. They differ of course in the various states of the United States. Some reasons for crimes may be unemployment, poverty, consumerism or drug addiction.

Experts have come to the conclusion that mainly improving people's lives will lead to a reduction of crime.

Other ideas are crime-prevention programs, campaigns against crime or patrolling the streets.

Zu Aufgabe 2

The most striking feature of the text is the great amount of numbers and statistics. The author compares the crime statistics of the 1960s, 1970s and 1980s and shows that there has been a steady decline in crime since the 1980s. He also compares the crime rates in the US in general with those of different states in the US and countries like Canada, Sweden and Germany (ll. 16–20).

In addition, he differentiates between serious crimes like murder, rape, robbery (1st passage) and less serious crimes. He highlights the fact that the general crime rate in the US is even lower than in Sweden, New Zealand or Denmark (ll. 12–13).

In passage 4 he mentions a study of crime by Northwestern University. In the last paragraph he refers to experts and communities.

So you can finally say the author puts forward objective statistics, studies and experts' opinions or public opinion polls to corroborate his statements. It is not easy to disprove him and his facts if one wanted to anyway.

Zu Aufgabe 3

As we have seen above many figures and statistics give an objective proof of the author's statements. In the first sentence for instance he says that crime rate in the US "has gone down steadily since 1980".

Nevertheless do we find a few hints in this text at the writer's own opinion. In passage 1 for example, he refers to experts who were "puzzled". This is a personal point of view or a conclusion.

In passage 2 he describes many Americans as being "surprised" (l. 11). This again is the writer's judgement or evaluation. In the next paragraph he maintains that "murder makes the headlines" (l. 15) and "there is no doubt that ..." (l. 15) A little bit further down in the same passage he says "It makes a difference, of course, ..." (l. 18)

In line 23 the author speaks of crimes as being "hotly debated" and again uses the word "surprisingly" (l. 26) which shows that he comes to his own evaluations and judgements.

Thus, this article which seems to be highly objective contains personal elements, viewpoints, assessments or feelings, too. Generally one can say that by the very choice of words, sentences, studies or figures you are already writing down something in a subjective way. You can only try to be as objective as possible, but as we all know, you can manipulate with statistics, too.

Zu Aufgabe 4

In the text there are mentioned some possible causes of crime and violence, among others unemployment, poverty, inadequate police enforcement, discrimination, a general decline of values, consumerism or TV (passage 4). The last passage of the text shows up some measures people have already taken, e. g. campaigns, patrols or crime prevention programs.

If you want to reduce crime, you always have to look for the causes and reasons behind criminal acts. What motivates people to steal, mug, blackmail, rape or even kill? Of course, there is no general answer or a ready-made solution. As there are numerous different causes of crime there must be just as many different ways of preventing and prosecuting criminal acts. A further question is whether the "criminal" is really responsible for her/his deed. In how far is society important, what about other circumstances? A person who commits a crime might also be ill.

What is a "just" punishment for rape for example? How are criminals reintegrated into society? Questions upon questions which can only be answered individually and by experts like doctors, psychologists, lawyers and judges.

The basic question is what can we (individuals and institutions alike) do to improve on the situation? First, primary and secondary education are to be mentioned and second the circumstances under which we all live in our society.

Primary education means the family and the upbringing of a child at home by the parents. Secondary education means school with all its positive and negative side-effects.

What can parents do to begin with? The most important point is that they care about their children as much as possible. They must protect them, respect them, teach them right from wrong and values and morals. On the other hand, children must learn something about limits and restrictions. Everyone's limits begin where the personality and freedom of another person starts. Boys and girls must learn to reflect their behaviour.

Parents must play and speak with their children, they must be examples and models. And what is even more, they should give reasons for their own behaviour, acting or deciding things. Parents must feel responsible for their sons and daughters, e. g. when it comes to watching TV, pocket money, consumerism, idols and friendships.

Many children are not liked, left alone or they suffer from their parents' divorce.

Today very often parents do not even know where their children are when they are not at home, what they are doing or who they are together with.

And this is where the school comes in. There should be a close cooperation between teachers and parents. So primary and secondary education are complementary and supplementary. School is where children are often confronted with a certain amount of discipline in a larger group for the first time in their lives, where they learn something about democratic rules and values.

In our society normally both parents have to work, but this cannot and must not mean that they transfer all their responsibility to the teachers. In that case they would expect too much.

At school students cannot be treated and cared for as individually as by the parents at home. Both institutions, family and school, are to teach the children how to deal respectfully with other people, accept other opinions and tolerate different views and ways of life. They both have to work for a just society.

Speaking about society reminds me of John F. Kennedy's statement: "Do not ask what your country (society) can do for you, ask what you can do for your country (society)." We all make up our society. So if or when there is something to change, it must start with me or us. What can I do, where can I help? Am I ready to join a political party, am I willing to work for social groups, in a hospital or to support elderly people? Do I speak up against discrimination, injustice, intolerance? And if I am a Christian (and not only then), do I really love my neighbour? Do I care at all about other people?

Sooner or later it comes to the question of punishment. That is why we have professional lawyers and judges, apart from other experts, to decide on who is to be punished, for what and how. Of course, murder must be strictly punished. But is there really a need for the death penalty? Does punishment really deter criminals from further wrongdoings? When is medical or psychological help necessary?

These are all questions we cannot answer here, of course. In many cases even the so-called experts do not agree.

To come to a close we can say be "egoistic" here and ask yourself "What can I do" to improve the situation, to help, to change something.

So we can possibly bring down the crime rate slowly but surely. In the long run we might come to a more tolerant and respectful society which is no longer that materialistic and consumer-oriented.

But finally some questions will remain open: Is it a dream, an illusion or can the idea of a better society come true? Are we able and willing to share jobs, wealth and goods and defeat egoism? Are we capable of treating all people as equal human beings? Or will George Orwell be right when he says in "Animal Farm": "All animals (people) are equal, but some animals (people) are more equal than others."?

Anmerkungen

Wenn Sie ein so generelles und komplexes Thema bearbeiten müssen, dann bleibt Ihnen ja keine andere Wahl, als in Ihrer Stellungnahme Einschränkungen zu machen (hier: Primär-, Sekundärerziehung und Gesellschaft). Natürlich sind diese mehr oder weniger willkürlich. Was die Prüferinnen oder Prüfer erwarten, ist allerdings, dass Sie logisch vorgehen und für den Leser nachvollziehbar begründen, warum Sie so und nicht anders entschieden haben.

Werden Sie sich klar darüber, (Stichwortsammlung, Strukturierung der Argumente und Beispiele), was wichtig und was weniger wichtig ist. Prüfer entscheiden nur darüber, was Sie geschrieben und nicht, was Sie nicht geschrieben haben. Wichtiges kommt also zuerst, sodass Sie bei Zeitmangel etwas nicht ganz so Bedeutungsvolles weglassen können.

Am Umfang der Ausführungen zur Stellungnahme (normalerweise der letzte Punkt der Aufgabenstellung) können Sie ersehen, dass dies die wichtigste Aufgabe ist. Sie sollten folglich hierauf auch die meiste Zeit, Konzentration und Sorgfalt verwenden.

Nehmen Sie sich unbedingt die Zeit (10 bis 20 Minuten, je nach Länge), das Geschriebene noch einmal auf Fehler hin zu lesen. Denken Sie daran, die Sprache ist noch wichtiger als der Inhalt.

9.5 Beispielklausur zum Thema »Short stories« (GK): Ernest Hemingway, A Day's Wait

Ernest Hemingway: A Day's Wait

He came into the room to shut the windows while we were still in bed and I saw he looked ill. He was shivering, his face was white, and he walked slowly as though it ached to move.

"What's the matter, Schatz?"

"I've got a headache."

"You better go back to bed."

"No. I'm all right."

"You go to bed. I'll see you when I'm dressed."

But when I came downstairs he was dressed, sitting by the fire, looking a very sick and miserable boy of nine years. When I put my hand on his forehead I knew he had a fever.

"You go up to bed," I said, "you're sick."

"I'm all right," he said.

When the doctor came he took the boy's temperature.

"What is it?" I asked him.

"One hundred and two."

Downstairs, the doctor left three different medicines in different coloured capsules with instructions for giving them. One was to bring down the fever, another a purgative, the third to overcome an acid condition. The germs of influenza can only exist in an acid condition, he explained. He seemed to know all about influenza and said there was nothing to worry about if the fever did not go above one hundred and four degrees. This was a light epidemic of flu and there was no danger if you avoided pneumonia.

Back in the room I wrote the boy's temperature down and made a note of the time to give the various capsules.

"Do you want me to read to you?"

"All right. If you want to," said the boy. His face was very white and there were dark areas under his eyes. He lay still in the bed and seemed very detached from what was going on.

I read aloud from Howard Pyle's Book of Pirates; but I could see he was not following what I was reading.

"How do you feel, Schatz?" I asked him.

"Just the same, so far," he said.

I sat at the foot of the bed and read to myself while I waited for it to be time to give another capsule. It would have been natural for him to go to sleep, but when I looked up he was looking at the foot of the bed, looking very strangely.

"Why don't you try to go to sleep? I'll wake you up for the medicine."

"I'd rather stay awake."

After a while he said to me, "You don't have to stay in here with me, Papa, if it bothers you."

"It doesn't bother me."

"No, I mean you don't have to stay if it's going to bother you."

I thought perhaps he was a little light-headed and after giving him the prescribed capsule at eleven o'clock I went out for a while.

It was a bright, cold day, the ground covered with a sleet that had frozen so that it seemed as if all the bare trees, the bushes, the cut brush and all the grass and the bare ground had been varnished with ice. I took the young Irish setter for a little walk up the road and along a frozen creek, but it was difficult to stand or walk on the glassy surface and the red dog slipped and slithered and I fell twice, hard, once dropping my gun and having it slide over the ice.

We flushed a covey of quail under a high clay bank with overhanging brush and I killed two as they went out of sight over the top of the bank. Some of the covey lit in trees, but most of them scattered into brush piles and it was necessary to jump on the ice-coated mounds of brush several times before they would flush. Coming out while you were poised unsteadily on the icy, springy brush they made difficult shooting and I killed two, missed five, and started back pleased to have found a covey close to the house and happy there were so many left to find on another day.

At the house they said the boy had refused to let anyone come into the room.

"You can't come in," he said. "You mustn't get what I have."

I went up to him and found him in exactly the position I had left him, white-faced, but with the tops of his cheeks flushed by the fever, staring still, as he had stared, at the foot of the bed.

I took his temperature.

"What is it?"

"Something like a hundred," I said. It was one hundred and two and four tenths.

"It was a hundred and two," he said.

"Who said so?"

"The doctor."

"Your temperature is all right," I said. "It's nothing to worry about."

"I don't worry," he said, "but I can't keep from thinking."

"Don't think," I said. "Just take it easy."

"I'm taking it easy," he said and looked straight ahead. He was evidently holding tight onto himself about something.

"Take this with water."

"Do you think it will do any good?"

"Of course it will."

I sat down and opened the Pirate book and commenced to read, but I could see he was not following, so I stopped.

"About what time do you think I'm going to die?" he asked.

"What?"

"About how long will it be before I die?"

"You aren't going to die. What's the matter with you?"

"Oh, yes, I am. I heard him say a hundred and two."

"People don't die with a fever of one hundred and two. That's a silly way to talk."

"I know they do. At school in France the boys told me you can't live with forty-four degrees. I've got a hundred and two."

He had been waiting to die all day, ever since nine o'clock in the morning.

"You poor Schatz," I said. "Poor old Schatz. It's like miles and kilometers. You aren't going to die. That's a different thermometer. On that thermometer thirty-seven is normal. On this kind it's ninetyeight."

"Are you sure?"

"Absolutely," I said. "It's like miles and kilometers. You know, like how many kilometers we make when we do seventy in the car?"

"Oh," he said.

But his gaze at the foot of the bed relaxed slowly. The hold over himself relaxed too, finally, and the next day it was very slack and he cried very easily at little things that were of no importance.

Aus: H.Bodden/H.Kaußen (Hg.), Great American Short Stories, Stuttgart, Klett 1986

Aufgaben:

1. Give a short summary of the story.
2. Describe the father-son relationship.
3. What is the function of the hunting scene?
4. Comment on Hemingway's style and the technical elements of a short story.
5. What can we learn from the story?

Lösungsvorschläge

Zu Aufgabe 1

This is a story about a young boy, who feels ill, and his father. The doctor says that the boy has got the flu and a temperature of 102 degrees. The father reads a story to his son but the boy does not listen. The boy does not want his father to take care of him all the time. So his father goes out hunting. When he comes back nothing has changed.

Then the boy asks, "About what time do you think I'm going to die?" He had learnt that people cannot survive a temperature of 44 degrees. His father tells him about the difference between Fahrenheit and Centigrade. The boy relaxes and cries. He had thought that he had to die of the flu.

Zu Aufgabe 2

Father and son love each other. The father calls the doctor immediately, cares about his son, gives him some medicine and reads stories to him until the boy says, "You don't have to stay in here with me, Papa, if it bothers you."

Sentences like "What's the matter, Schatz?" (l. 3), "How do you feel, Schatz?" (l. 28) or "You poor Schatz" (l. 80) show how much the father loves and cares about his son.

In the end he explains the difference between Fahrenheit and Centigrade to him and is relieved to see his son relax. All the time the boy had feared to die and did not even want to bother his father.

This, too, shows the love and affection the son feels towards his father. There is only this fateful misunderstanding between the two nobody is really responsible for. The two are together and separated at the same time, a tragic paradox. How must the son feel when his father goes out hunting while he is awaiting death? It must look thoughtless, or even cruel to him. He must feel lonely and isolated in his last minutes of life although his father looks after him very carefully. Though the father helps his son he seems to be helpless because of this fateful misunderstanding. He takes his son's illness easy and does not wonder about the boy's strange behaviour. This reveals that even between loving and caring people there can be a sort of barrier. In this story it is removed, finally.

Zu Aufgabe 3

It is described how the father goes out to hunt some quail. He takes his dog and walks through the wintery landscape. He falls down twice on the slippery ground. It is difficult to shoot under such circumstances.

The reader is inclined to ask what is the use of this story within the (short) story. Here we see some sort of helplessness, this time of man in nature.

There is a close relationship between both these scenes of helplessness. The father thoughtlessly kills some quail and even seems to enjoy it. We saw the same thoughtlessness with his son's odd behaviour. This can be regarded as a parallel.

The hunting scene symbolically stresses the main theme, namely separation or even isolation of man by a tragic misunderstanding. Togetherness and separation at the same time is paradox, here shown symbolically by the ice which covers the ground. The father seems to stand firmly on the ground but the ice prevents a direct contact. So togetherness with nature (ground) is intended, but a separation is caused by the ice.

So this inserted or interpolated story is a poetic device used to show up parallels and thus give the main theme a particular emphasis.

Zu Aufgabe 4

The story itself is in its main parts a dialogue between a father and his son. Apart from a few words (for example in connection with the medicine or in the hunting scene) the language is easy to understand. The little more elaborate language in the inserted story (varnished, covey, poised) underlines the importance of this scene for the understanding of the whole story. The dialogue form grants simple words and sentence structure and an everyday language which Hemingway is famous for. We have both, a narrative part (dialogue) and descriptive parts (illness, hunting scene).

The story begins very abruptly, without any introduction (exposition), and it ends very abruptly, which is typical of a short story. It shows a decisive moment of life (the boy is awaiting his death) and there is relatively little action and hardly any character development. Compared with a novel the plot is not very complex. We only see or experience a snapshot of life. We get a specific impression of a moment of life or a single, sudden event. So we can say "A Day's Wait" is a typical example of a short story.

The story is told from the point of view of a first person narrator which makes it more direct and real. He can only observe the situation and suppose things. He is not omniscient, otherwise he would render ideas or feelings. The narrator describes the boy from an external position ("his face was white" (l. 2), "He lay still in the bed and seemed very detached" (l. 25).

As we have seen here we have very typical elements of a short story. It is also a story you can read at a single sitting.

Zu Aufgabe 5

First of all we can learn something about people and people's relationships, here a father-son relationship. No matter how intense and close this relationship is or may seem, there is always some room for misunderstandings. In this case it is a very serious and brutal experience for the son, not so much for his father because he does not realise it at first.

Carelessness and thoughtlessness can initiate or cause a crisis with someone, a crisis which has a happy ending in Hemingway's story.

But such a misunderstanding can also end fatally as in Shakespeare's "Romeo and Juliet". Here Juliet takes some poison which makes her sleep very deeply. Romeo is expected to meet her after she will have woken up later, but Romeo does not get the news about this plan and thinks that Juliet is dead. He poisons himself because he cannot live without Juliet. When Juliet awakes, she sees her dead lover, takes a dagger and kills herself.

As a moral we can learn: Do not only think but talk about things. Overcome misunderstandings at the very beginning. Misunderstandings can lead to separation from other people and thus to some sort of isolation. Conflicts can only be solved if you talk about them, i.e. conversations and discussions can lead back to mutual understanding (e.g. parents – children).

Anmerkungen

Die Kurzgeschichte begegnet Ihnen mit Sicherheit im Verlauf der Kursphase. Auch im Fach Deutsch werden Sie mit ihr konfrontiert, sodass man im Abitur davon ausgehen kann, dass Sie einen gewissen Überblick über diese Textgattung haben.

Sie werden natürlich nicht ein seitenlanges Stück vorgelegt bekommen, sondern einen Text mit vorgegebener Wortzahl (GK oder LK) oder einen Textauszug, anhand dessen Sie z. B. bestimmte Merkmale aufzeigen sollen.

Sie sollten z. B. etwas gelernt haben zu typischen Merkmalen einer Kurzgeschichte, **Erzählperspektive** (*1st person/3rd person/omniscient narrator*), **Erzählweise** oder **Erzählsituation.** Haben Sie schon einmal etwas gehört von **Erzählzeit** oder **erzählter Zeit**? Haben Sie gesprochen über *round characters* und *flat characters*? Gibt es eine steigende und/oder fallende Handlung in der Geschichte? Kommt es zu einer Konfliktlösung/Entschlüsselung (*dénouement*)? Werden die Personen direkt oder indirekt charakterisiert? Gibt es *flashbacks*?

Wenn man vorher schon einen Fragenkatalog oder ein Raster gelernt hat, ist es leichter, in der Klausur selbst das Wer, Was, Wie und Warum herauszufinden (*Who speaks to whom in what manner?, What effects are produced and why?*).

Es gibt hierzu gute Bücher, die neben Erklärungen, Beschreibungen, Definitionen oder Beispielen das entsprechende Analyse- und Interpretationsvokabular mitliefern. Sie schlagen somit zwei Fliegen mit einer Klappe.

! Literaturhinweis: **Zur Textarbeit ist der folgende Titel lohnenswert:**
Rotter/Bendl, Your Companion to English Literary Texts

9.6 Beispielklausur zum Thema »Problems of tomorrow« (GK): Recycling, A Waste of Good Intentions

A Waste of Good Intentions
Recycling: A model law needs to be junked

When Germany passed its sweeping recycling law back in 1991, it was hailed as a model of environmental protection. Since the beginning of last year, industry has been required to take back all the waste packaging it generated, from refrigerator boxes to toothpaste tubes. About 600 firms jointly established the nonprofit Duales System Deutschland (DSD) to oversee the door-to-door collection of packaging waste. Germans responded eagerly, sorting glass, plastic and paper into household collection bins. Earlier this year Klaus Töpfer, the environmental minister who devised the scheme, bragged that Germans were the "[trash] collectors of the world."

Now the entire system is threatened with collapse. The DSD has twice narrowly averted bankruptcy; in August its managing director, Hans-Georg Stratmann, was forced to resign. A number of its creditors, including the important municipalities of Frankfurt, Hanover and Mainz, are threatening to scuttle the latest bailout. At least one *Land*, Rhineland-Palatinate, has suggested it may stop supporting the scheme. Environmentalists complain that the organization has done nothing to reduce waste.

DSD was supposed to be self-financing. It raises money by licensing its Green Dot logo to manufacturers that want to be part of the collection system; the cost to the companies, about two pfennigs per item, is passed on to consumers. But in setting the licensing fee, DSD made what now seems a dreadful miscalculation: it worked out the fee that it would charge each Green Dot firm on the basis of overall packaging volume, which made no distinction between materials costly to recycle (such as plastic) and less expensive glass and paper. Furthermore, officials badly underestimated how fervently their countrymen would embrace recycling. DSD has collected almost two and a half times as much plastic as it has the capacity this year to recycle, forcing it to store the excess at high cost or pay to ship it elsewhere. In August, the DSD required an infusion of 860 million Deutsche marks in order to pay off scores of private and city-owned waste-management companies that it had hired to collect, sort and recycle waste. In a last-minute compromise, the DSD's municipal creditors agreed to lend it the money to pay its outstanding bills.

Cleaning up: DSD executives say they are now cleaning up their act. Starting in October, a new fee schedule will take effect that will take account of both the weight and type of materials. But some environmentalists say the whole DSD idea needs rethinking in order to induce companies to use less packaging. "It doesn't do anything to lead to less waste," says Olaf Bandt of the German Association for the Environment and Nature. The DSD's defenders point out that an independent assessment found packaging wastes have decreased by 500 metric tons since the law took effect.

At the end of last week, as Frankfurt, Hanover and Mainz prepared to pull the plug, the Federation of German Municipalities said it would give the DSD only until Oct.1 to offer proof of its financial soundness. It was "the very last chance," warned Norbert Burger, the federation's president. The DSD may end up being recycled itself. *Mark Frankel with Theresa Waldrop in Bonn*

aus: Newsweek, 4.10.1993

Aufgaben

1. Write down in a few sentences what the article is about.
2. What do the headline and sub-headline reveal about the text and the authors' opinions?
3. How is the article structured and in how far does the composition correspond to the contents?
5. Describe your own experiences with recycling and energy saving. Give examples and perhaps suggestions on how to improve on saving energy.

Lösungsvorschläge

Zu Aufgabe 1

This Newsweek article deals with the DSD (Duales System Deutschland), i. e. the way Germany tries to handle and recycle all the packaging material. It describes the eagerness the Germans show in collecting waste materials and the particular problems this system causes. The authors, Mark Frankel and Theresa Waldrop, tell us how executives want to come to grips with the money problem of the DSD and express their opinion at the end of the article by saying, "The DSD may end up being recycled itself."

Zu Aufgabe 2

Provided you give the headlines a closer look as to what they reveal about the article and the authors' opinions you might find out that from the very beginning there is a negative attitude. The good intentions of the Germans of collecting garbage to be recycled are wasted and a model law about recycling should be junked, i.e. thrown onto a junk heap, or forgotten about altogether. This impression is made by playing with the word "waste" meaning "Abfall" and "Verschwendung" and thus producing a close connection between waste material (garbage) and the waste of intentions or good-will.

The word "junk" reminds us of words like "junk food", "junk heap", "junk yard" or even "junkie" and so arouses negative emotions.

If you have a look at the last sentence, "The DSD may end up being recycled itself", you may conclude from the headlines and the ending what the whole article is about, its tendency and the authors' opinion without even having read the text.

As you can see, it may be worthwhile to examine or scrutinise headlines and headings as well as the ending of an article, a text or a play. In this case the article is well rounded off.

Zu Aufgabe 3

The article is subdivided into five passages or paragraphs. In the first one Frankel and Waldrop introduce the DSD to the reader. They describe the systems of collecting waste packaging and the Germans' enthusiasm about sorting all kinds of material.

The second paragraph deals with the problems of the system, i.e. bankruptcy, and the environmentalists' complaints that there is no incentive to minimize packaging or garbage.

In paragraph three the authors go into detail and explain why the system with the Green Dot logo is a miscalculation and what the real problems are. Those responsible did not differentiate between costly and less costly materials to recycle. And what is more, they completely underestimated how eagerly the Germans collected plastic, paper and glass for example. Consequently storage capacities were quickly exhausted and rubbish had to be "exported". That again required almost one billion marks of the tax payers' money to back up the recycling system which originally was meant to be self-financing.

The fourth passage starts with "Cleaning up". Although in the future the type and weight of the material will play an important part when it comes to sound financing, environmentalists still complain about the lack of incentives for the companies to reduce packaging and thus contribute to saving energy and resources.

In the last paragraph the authors mention three German cities which gave the system one last chance to prove its "financial soundness".

As you can see the paragraphs closely correspond to the contents. In other words, the ideas, arguments, examples, statements and conclusions are strictly structured and underlined by the outer form or the layout. It would be quite easy to find a heading for every paragraph. In addition, the third passage is the longest one which is only natural as it shows and describes the reasons why the system has not worked so far. So we can speak of a clear and obvious composition of the article where the structure underscores and accentuates the contents.

Zu Aufgabe 4

As the DSD-system was and still is meant to be self-financing, i.e. the consumer pays for the Green Dot simply by buying a product, and as it is obvious that this way of recycling has deeply run into trouble and does not prevent the companies from cutting down on packaging at all, it has to be changed or even redone from scratch.

The Germans are world-champions in collecting waste and thus saving energy. They must not be punished for their willingness and efforts by being forced to pay for the system twice. They pay for the Green Dot and indirectly by financing the subsidy by their taxes.

Many people do not want all this packaging which is often bulky and thrown away anyway. They want to get away from this throw-away mentality. On the other hand, whole branches of industry depend on packaging and a reduction would cost a great many of jobs.

But it does not make any sense to pay for a waste of energy first and a second time in order to get rid of all the wrappings. As for jobs, it does not make any sense either to create them in industries which damage nature, exploit resources ruthlessly or destroy and kill people as for instance by producing weapons.

Jobs should be created in fields like environmental protection, construction, social services (caring for children, sick or handicapped people or the elderly), to mention only a few.

First, if the relevant branches of industry were forced to pay for recycling all the wrappings, they would automatically reduce production to a minimum.

Second, consumers should buy according to their real needs and not let themselves be manipulated by nice, incentive or bulky packaging. “Do not judge a book by its cover.”

This way two birds can be killed with one stone. In the long run, whole industries will react flexibly and listen to the consumer’s voice. So it is up to us to force the industry to rethink. Less (packaging material) can be more.

Thus if more and more people could decide on feeling responsible for the environment and act collectively, the chances of exerting more influence on politicians and industrial groups would grow constantly and perhaps even rapidly. Systems like the German DSD would not come into existence at all.

To come to a conclusion one can say that the authors' statement "A model law needs to be junked" is perfectly correct. The DSD is nothing but a misleading undertaking. If we understand "dual" as double, it becomes clear that we pay twice and the industry is laughing its head off. So what looks like a good system at first sight reveals itself as "a waste of good intentions" after all.

Zu Aufgabe 5

Diese Aufgabe erlaubt es Ihnen, vorwiegend persönliche Erfahrungen, Aktivitäten und Lösungsvorschläge darzustellen. Deshalb können wir an dieser Stelle keine Modelllösung vorstellen. Aber wir möchten Ihnen durch unsere Vorschläge Anregungen für eine mögliche Beantwortung der Fragestellung anbieten.

Wenn Sie eine Aufgabe wie diese bearbeiten, lassen Sie sich von Ihrem eigenen Verhalten und Ihren Erfahrungen leiten. Fragen Sie sich: »Was tue *ich*?« oder »Was könnte *ich* tun, um dies oder jenes zu bewirken?« Die folgenden Stichpunkte sollen Ihnen helfen, Ihre Ideen zu ordnen und zu kategorisieren.

- household (glass, paper, plastic, metals, ...)
- electricity (energy-saving goods)
- oil, petrol (central heating, driving)
- technology (lower energy consumption)
- air and water pollution (private, industry)
- litter
- solar energy (sun collectors)
- wind energy
- use of water
- environmental protection in general and positive influence on the ozone layer and greenhouse effect in particular
- public transport (vs. cars)
- buying recycled materials/products
- industry/business:
  - economical production (no tin cans)
  - filters
  - replacement of CFCs (chlorofluorcarbons)
- multiple use of goods and products
- ...

Dies sind mehr oder weniger individuelle Kategorisierungen. Ihre eigene Aufstellung kann vollkommen anders aussehen. Aber eine solche Sortierung ist ein Mittel, um Ihren Ideen Struktur zu geben, und sie in eine logische Ordnung zu bringen, bevor Sie sie detailliert darstellen und in ihrem Text kommentieren.

Auf keinen Fall kann ein Thema wie dieses umfassend in einer Klausur behandelt werden. Deshalb müssen Sie entscheiden, welche Aspekte Ihrer Meinung nach die wichtigsten sind. Nachdem Sie Ihre persönlichen Erfahrungen dargestellt haben, können Sie dazu übergehen, generelle Aussagen zu treffen, Notwendigkeiten aufzuzeigen und Vorschläge für mögliche Lösungen zu machen.

Es gibt eine enge Verbindung zwischen dem sparsamen Umgang mit Energie und Recycling auf der einen Seite und dem Schutz der Umwelt auf der anderen Seite. Versichern Sie sich, dass Sie bei der Bearbeitung der Aufgaben eng an der gestellten Aufgabe bleiben und nicht abschweifen.

Denken Sie daran, dass Ihre Prüfer nur bewerten können, was Sie auch tatsächlich geschrieben haben. Daher muss Ihr Text gut strukturiert sein und in korrektem und idiomatischem Englisch abgefasst sein.

Anmerkungen

Zusätzlich zu dem in den bisherigen Anmerkungen Gesagten sollten Sie beachten, dass Sie sich vor der Bearbeitung der Klausur alle Fragen bzw. Aufgaben vor Augen führen, damit es nicht zu Überschneidungen und Wiederholungen in Ihren Ausführungen kommt.

Bei der Erstellung einer *summary* sollten Sie sich von der Frage leiten lassen, »Kann jemand, der den Text nicht kennt, aus meiner Inhaltsangabe das Wesentliche erfassen?«

Es geht hier also nicht um Details, Argumente, Gründe oder Beispiele, sondern nur um die groben und wesentlichen Aussagen. Eine *summary* sollte daher nicht länger als ein Viertel bis maximal ein Drittel des Originaltextes umfassen.

Generell ist zu sagen, dass Ihre eigene Wortwahl (einmal abgesehen von *technical words*) mit darüber entscheidet, wie Ihr Ausdrucksvermögen beurteilt wird, denn nur dieses gibt darüber Aufschluss, wie souverän Sie sich in der Fremdsprache äußern können. Wir haben schon darauf hingewiesen, dass eine differenzierte und adäquate Ausdrucksweise wichtiger ist als lange, verschachtelte Sätze.

9.7 Beispielklausur zum Thema»Novel« (LK): William Golding, Lord of the Flies

William Golding: Lord of the Flies (Auszug)

"Grab them!"

No one moved. Jack shouted angrily.

"I said 'grab them'!"

The painted group moved round Samneric nervously and unhandily. Once more the silvery laughter scattered.

Samneric protested out of the heart of civilization.

"Oh, I say!"

"– honestly!"

Their spears were taken from them.

"Tie them up!"

Ralph cried out hopelessly against the black and green mask.

"Jack!"

"Go on. Tie them."

Now the painted group felt the otherness of Samneric, felt the power in their own hands. They felled the twins clumsily and excitedly. Jack was inspired. He knew that Ralph would attempt a rescue. He struck in a humming circle behind him and Ralph only just parried the blow. Beyond them the tribe and the twins were a loud and writhing heap. Piggy crouched again. Then the twins lay, astonished, and the tribe stood round them. Jack turned to Ralph and spoke between his teeth.

"See? They do what I want." ...

His temper broke. He screamed at Jack.

"You're a beast and a swine and a bloody, bloody thief!"

He charged.

Jack, knowing this was the crisis, charged too. They met with a jolt and bounced apart. Jack swung with his fist at Ralph and caught him on the ear. Ralph hit Jack in the stomach and made him grunt. Then they were facing each other again, panting and furious, but unnerved by each other's ferocity. ...

Piggy's voice penetrated to Ralph.

"Let me speak."

He was standing in the dust of the fight, and as the tribe saw his intention the shrill cheer changed to a steady booing.

Piggy held up the conch and the booing sagged a little, then came up again to strength.

"I got the conch!"

He shouted.

"I tell you, I got the conch!"

Surprisingly, there was silence now; the tribe were curious to hear what amusing thing he might have to say.

Silence and pause; but in the silence a curious air-noise, close by Ralph's head. He gave it half his attention – and there it was again; a faint "Zup!" Someone was throwing stones: Roger was dropping them, his one hand still on the lever. Below him, Ralph was a shock of hair and Piggy a bag of fat.

"I got this to say. You're acting like a crowd of kids."

The booing rose and died again as Piggy lifted the white, magic shell.

"Which is better – to be a pack of painted niggers like you are, or to be sensible like Ralph is?"

A great clamour rose among the savages. Piggy shouted again.

"Which is better – to have rules and agree, or to hunt and kill?"

Again the clamour and again – "Zup!"

Ralph shouted against the noise.

"Which is better, law and rescue, or hunting and breaking things up?"

Now Jack was yelling too and Ralph could no longer make himself heard. Jack had backed right against the tribe and they were a solid mass of menace that bristled with spears. The intention of a charge was forming among them; they were working up to it and the neck would be swept clear. Ralph stood facing them, a little to one side, his spear ready. By him stood Piggy still holding out the talisman, the fragile, shining beauty of the shell. The storm of sound beat at them, an incantation of hatred. High overhead, Roger, with a sense of delirious abandonment, leaned all his weight on the lever.

Ralph heard the great rock long before he saw it. He was aware of a jolt in the earth that came to him through the soles of his feet, and the breaking sound of stones at the top of the cliff. Then the monstrous red thing bounded across the neck and he flung himself flat while the tribe shrieked.

The rock struck Piggy a glancing blow from chin to knee: the conch exploded into a thousand white fragments and ceased to exist. Piggy, saying nothing, with no time for even a grunt, travelled through the air sideways from the rock, turning over as he went. The rock bounded twice and was lost in the forest. Piggy fell forty feet and landed on his back across that square, red rock in the sea. His head opened and stuff came out and turned red. Piggy's arms and legs twitched a bit, like a pig's after it has been killed. Then the sea breathed again in a long, slow sigh, the water boiled white and pink over the rock; and when it went, sucking back again, the body of Piggy was gone.

This time the silence was complete. Ralph's lips formed a word but no sound came.

Suddenly Jack bounded out from the tribe and began screaming wildly.

"See? See? That's what you'll get! I meant that! There isn't a tribe for you any more! The conch is gone –"

He ran forward, stooping.

"I'm Chief!"

Viciously, with full intention, he hurled his spear at Ralph. The point tore the skin and flesh over Ralph's ribs, then sheared off and fell in the water. Ralph stumbled, feeling not pain but panic, and the tribe, screaming now like the Chief, began to advance. Another spear, a bent one that would not fly straight, went past his face and one fell from on high where Roger was. The twins lay hidden behind the tribe and the anonymous devils' faces swarmed across the neck. Ralph turned and ran. A great noise as of sea-gulls rose behind him. He obeyed an instinct that he did not know he possessed and swerved over the open space so that the spears went wide. He saw the headless body of the sow and jumped in time. Then he was crashing through foliage and small boughs and was hidden by the forest.

The Chief stopped by the pig, turned and held up his hands.

"Back! Back to the fort!" ...

Aus: Irmgard Richter, Lord of the Flies, Frankfurt/Main, Diesterweg 1972

Aufgaben

1. Describe in a few sentences what happens in this scene and put it into context with the whole novel.
2. What does this scene reveal about Jack's, Piggy's and Ralph's characters?
3. Comment on Piggy's question/reproach "Which is better?"
4. Knowing the novel and having dealt with this scene comment on the following statement Golding once made: "Man is a fallen being. He is gripped by original sin. His nature is sinful and his state perilous."

Lösungsvorschläge

Zu Aufgabe 1

The scene starts with Jack's demands "Grab them!" and "Tie them up!" After some attempts Jack succeeds: "See? They do what I want."

Piggy can no longer hold back and calls Jack "a beast", "a swine" and a "bloody thief" (l. 21). A fight starts.

Then Piggy grabs the conch. It is his turn to speak now and he starts a fervent speech: "Which is better ...?" (l. 41).

This is too much for Jack, Roger and their "tribe". Before the fight breaks out Roger moves the lever and the big rock rolls down from the top of the cliff. The rock hits Piggy and makes him fall forty feet down the cliff. "His head opened and stuff came out and turned red." (ll. 59/60). His body disappears into the sea. The conch is destroyed.

Jack's reaction to all this is: "There isn't a tribe for you any more! The conch is gone – ... I'm Chief!" (ll. 65–68). In his rage he wounds Ralph with his spear and makes him run away and flee in panic into the forest.

Zu Aufgabe 2

Jack as the leader of the "tribe" orders "Grab them!" and "Tie them up!" (ll. 1, 10). He gets angry as no one moves immediately. At first no one dares to attack Ralph. After refusing Samneric (the twins) are tied up. The only thing Ralph is capable of doing at this very moment is to cry "out hopelessly against the black and green mask." (l.11). Jack triumphantly says, "See? They do what I want." (l. 19).

Then there is a fight between Jack and Ralph (the second one) which is interrupted by Piggy speaking out, "I tell you, I got the conch!" (l. 33).

Once again this sign/symbol makes the whole bunch quiet down and listen. Piggy starts his "Which is better"-speech (ll. 41–46) resulting in praising Ralph (sensible, rules, agree, law, rescue) and reproaching Jack (painted niggers, hunt, kill, breaking things up).

Piggy as the outsider (fatty) and the self-conscious boy is courageous enough to challenge and attack Jack, the superior and aggressive leader of the hunters.

He still believes in the magic of the shell and dares the utmost. Now complete hatred breaks out resulting in Roger setting the great rock free which strikes Piggy and kills him.

Ralph who once was a self-confident leader, the chief who tried to provide shelter, protection and rescue is helpless. He cannot prevent this killing.

Jack once more triumphs, "There isn't a tribe for you any more! The conch is gone – ... I'm Chief!" (ll. 65–68).

He then turns against Ralph and attacks him with his spear and instead of fighting and defending himself Ralph runs away in fear. He runs for the shelter of the forest.

In this scene the story reaches a climax. The boys have developed into two groups (directions), the democratic one (Ralph, Piggy, Simon) and the autocratic or despotic one (Jack, Roger and their followers). This passage shows how far children can go and how differently they develop outside a social system. Disregarding rules and restrictions can lead to savagery and even killings and murders. The conch as the symbol of democratic law (freedom and tolerance) is destroyed and society ends up in turmoil, ruthlessness, dictatorship or even anarchy. The "hunters" and killers rule.

Ralph, who always tried to keep up democratic rules, always showed responsibility and tried to keep up the fire in order to get help. The once dominant chief surrenders cowardly.

This is the final step for Jack. This savage, vicious, barbarian and violent boy has defeated Ralph in the end. From now on he can further assert his leadership, enjoy "a good game" (of hunting), and follow his primitive and unsocial desires of hunting and killing.

The worried and concerned, the rational and intellectual, the visionary and enlightened Piggy, the boy with the glasses, which meant clearsightedness, brains and even fire (warmth and comfort, signals of possible rescue), has to die for his believes. And with him goes the conch, the one and only symbol of democracy, freedom of speech and hope.

The shattering of the shell and Piggy's death coincide meaning that democratic order and intellect (Piggy with his specs) have been destroyed. This is symbolised in Piggy's broken and open head. Brains and intellect are "dead".

Zu Aufgabe 3

Piggy starts his last appeal to everyone's common sense, reason and intellect by repeating the phrase "Which is better ...?" It is a fervent plea appealing to values like rules, agreement, law and civilization. He uses this repetition or parallel structure (parallelism) in order to "hammer home the content", to convince the others and bring them back to their senses. This stylistic means is chosen by Golding to underline Piggy's last words and emphasise the importance of the message.

Another poetic means is building up a contrast with the help of "or". Piggy contrasts the very positive ideas/values of Ralph's "society" with the negative aspects Jack stands for.

This again is a powerful means of trying to convince people because under normal circumstances they decide for the better, the positive side and values.

But as we all know there are situations, where people are totally manipulated and misled to uttering completely irrational statements or reactions as for instance after Goebbel's Sportpalast speech and the question "Wollt ihr den totalen Krieg?", which the audience frenetically answered with "Ja".

Before it comes to a positive or negative reaction to Piggy's speach he is killed by the big rock. And with him all the remainders of order, values, principles of civilization and democracy die.

Golding highlights this important scene by using stylistic and poetic devices which underline the contents of Piggy's speech. But Piggy's death is a turning point or caesura in so far as from now on Ralph is an outcast, and savagery has defeated democracy and civilization. This last climax has an abrupt/sudden ending.

Zu Aufgabe 4

We have to keep in mind that the novel “Lord of the Flies” was published in 1954. So the story had been written a few years after World War II and Golding must have had in mind all the atrocities of this war.

Like for instance in “Robinson Crusoe”, the story starts as an adventure book. It is set under paradisiac circumstances although before the background of a nuclear war. The boys come from a civilised world, are more or less well-educated but develop more and more towards savagery, aggression, destruction, rebellion, viciousness, terror and anarchy.

So the question arises what education and culture, social responsibility, morals and hope for a positive future of mankind are about? Is human nature basically evil as symbolised by the Lord of the Flies (i. e. Beelzebub)?

Golding speaks of man as a “fallen being” (the fallen angel in the Bible: Lucifer). His statement of “the original sin” also reminds us of the Bible (Adam and Eve in Paradise) and finally this “perilous state of man” suggests that everyone is essentially evil.

Thus according to Golding a completely destructive society (nuclear war) can be traced back to the defects of human nature.

Who caused all the atrocities of World War II? It was not some primitive people but educated people like doctors and lawyers (among others). Civilised men were responsible for the holocaust.

So a deeply frustrated and depressed Golding must have felt the urge to show up man’s greed, cruelty and selfishness, his primitive, destructive, heartless and aggressive nature. He must have seen human nature as barbarian and morally diseased despite culture and education.

In the story the children can escape the nuclear war. They try to build up a society of their own which totally fails. They are “rescued” in the end by being taken back to this fatal and self-destructive adult world of nuclear warfare.

The moral of this novel might be that mankind suffers from being human, which is a disease, and man himself is his worst enemy.

The question remains whether there is an innate aggression in everyone of us, i.e. is aggression inherited and does it inevitably come out sooner or later? Or can this instinctive aggressiveness be kept in check or restricted by our cultural and social evolution?

If the latter is the case, what can be done to strengthen all the mechanisms and developments which suppress aggression? This leads us to sciences like psychology and sociology, to religious, ethical and moral values and last but not least to peace movements and any help whatsoever which assists us to develop a critical self-awareness.

If we see all the trouble in the world, the wars, starvation, terrorism, destruction of nature and our environment, we can easily come to a pessimistic view similar to Golding's.

In addition, we realise a society getting more and more egoistic, a survival-of-the-fittest mentality where only money and power count, where the gap between the rich and poor, the haves and the have-nots widens every day. Do unemployment and the lack of perspective not make people aggressive, too? Thus we have every reason to look for a way out and any possible step to take in order not to make aggression dominate man. We have to try hard to strengthen democracy and abolish dictatorships and terrorism by improving living conditions in the whole world and giving freedom to all people. This is a high and optimistic goal. But there is nothing to lose.

Let each and everyone of us do our best to disprove Golding's pessimistic view and outlook on the future. The only chance lies in ourselves.

Anmerkungen

Es ist ein sehr anspruchsvolles Unterfangen, ein Thema wie dieses vor dem Hintergrund eines Romans zu bearbeiten. Wie wir schon früher gesehen haben, ist es nahezu unmöglich, ein solches Problem umfassend zu besprechen, geschweige denn zu lösen.

Es ist jedenfalls offensichtlich, dass man eine Menge Hintergrundmaterial und -wissen benötigt, das entweder im Unterricht erarbeitet, durch Referate ergänzt oder durch Lehrerinformationen und Analysehilfen (Sekundärliteratur) erweitert wird.

Hinzu kommt, dass Sie wahrscheinlich keinen Textauszug aus einem Stück bekommen, das Sie im Unterricht behandelt haben. Es ist vielmehr so, dass der vorgelegte Text Ihnen nicht bekannt sein darf, folglich eine Passage aus einem ähnlichen Roman oder Drama mit einer ähnlichen Problematik ausgewählt wird. Da weiterhin die Richtlinien vorschreiben, dass Sie nicht nur Gelerntes aus einem Schulhalbjahr nachweisen müssen, führt dies oft dazu, dass ein Sachtext ausgewählt wird, der auf einen fiktionalen Text (Roman, Drama, Lyrik) Bezug nimmt. So werden z. B. zwei Textarten/Textsorten kombiniert.

Auch hierbei kann/sollte Ihre Lehrerin oder Ihr Lehrer Ihnen behilflich sein und Tipps geben. Literaturangaben hierzu gibt es zur Genüge.

Sie müssen nicht selbstständig alle möglichen Gebiete und Bereiche, die vorkommen könnten, bearbeiten. Das ist in der kurzen Zeit unmöglich. Dann wäre ja auch ein Hochschulstudium überflüssig.

Sie sollten allerdings sorgfältig im Unterricht mitarbeiten, das Mitgeschriebene, die Referate, die Protokolle systematisch sammeln, damit Sie vor dem Abitur das Gelernte wiederholen können.

Nicht unbedeutend, das kann man nicht oft genug sagen, ist das Sammeln, Organisieren und ständige Wiederholen des Vokabulars, das, abgesehen vom Basisvokabular (Grund- und Aufbauwortschatz), für die Interpretation und Analyse von Texten benötigt wird.

Je mehr Texte Sie lesen, desto mehr sehen Sie, dass sich die Thematiken wiederholen: Liebe, Macht, Religion, Natur, Technik, philosophische Gedanken ...

Zum Schluss eine eigentlich selbstverständliche Aussage: Niemand verlangt im Abitur etwas von Ihnen, was nicht im Unterricht vorgekommen ist!

9.8 Beispielklausur zum Thema »Poetry« (LK): Ted Hughes: »Hawk Roosting«

Ted Hughes: Hawk Roosting

I sit in the top of the wood, my eyes closed.
Inaction, no falsifying dream
Between my hooked head and hooked feet:
Or in sleep rehearse perfect kills and eat.

The convenience of the high trees!
The air's buoyancy and the sun's ray
Are of advantage to me;
And the earth's face upward for my inspection.

My feet are locked upon the rough bark.
It took the whole of Creation
To produce my foot, my each feather:
Now I hold Creation in my foot

Or I fly up, and revolve it all slowly –
I kill where I please because it is all mine.
There is no sophistry in my body:
My manners are tearing off heads –

The allotment of death.
For the one path of my flight is direct
Through the bones of the living.
No arguments assert my right:

The sun is behind me.
Nothing has changed since I began.
My eye has permitted no change.
I am going to keep things like this.

Aus: Hüller/Künne (Hg.), English and American Poetry, Stuttgart, Klett 1984

Hughes [hju:z]
hawk – Falke
to roost (of birds) – to settle down for a rest
2 to falsify ['fɔ:lsɪfaɪ] to make false
3 hooked – with the shape of a hook (Haken)
4 to rehearse [rɪ'hɜ:s] – to practice, to repeat over and over again
kill – act of killing
5 convenience [kən'vi:njəns] – advantage, suitableness
6 buoyancy ['bɔɪənsɪ] – Tragkraft
ray – Strahl
9 bark – Borke, Baumrinde
13 to revolve [-'-] – to go round in a circle
15 sophistry ['sɒfɪstrɪ] – use of false arguments in order to deceive
17 allotment [ə'lɒtmənt] – Zuteilung
20 to assert [ə'sɜ:t] – geltend machen.

Aufgaben

1. What is the poem about?
2. Describe the physical and mental characteristics of the hawk and analyse how the poet conveys his message.
3. Which political meaning might be behind this poem?
4. Compare the hawk's view with man's attitude towards nature.

Lösungsvorschläge

Zu Aufgabe 1

The title of the poem lets us imagine a hawk, i. e. a predator, which has settled down for a rest.

The bird describes in a reflective way what he thinks about himself and how he sees the world, nature and his destiny.

He is sitting in a high tree and looking down on everything beneath him. The hawk describes his superior feelings (my inspection, I hold Creation in my foot, I kill where I please, The allotment of death, I am going to keep things like this).

Thus one might definitely say the poem's theme is the self-assertiveness and the power of the hawk, or in other words his independence, superiority and "license to kill".

Ted Hughes shows the hawk as the pride of creation which of course arouses man's contradiction as he himself claims this position for himself.

By using words and phrases like "perfect kills" (l. 4), "tearing off heads" (l. 16), "death" (l. 17), "my flight is direct through the bones of the living" (l.18/19) the poet renders feelings of cruelty, ruthlessness, indifference, mercilessness.

The tone indicates arrogance of a high degree. What is striking is that the hawk reveals his point of view. So one can call this poem an "animal poem", i. e. an animal (a bird) thinks and acts like a human being (personification).

The author's intention behind this poem is a comparison between man and the hawk as "the crowning achievement of creation" (zitiert aus: Wulf Künne, English and American Poetry, Interpretations, S. 97).

Zu Aufgabe 2

The physical features of the hawk are described by the author through words like eyes "closed" (l. 1), "hooked head and hooked feet" (l. 3), "each feather" (l. 11), ability to "fly" and "revolve" (l. 13).

As these characteristics are not exactly many, the major aspects of the description of the hawk lie in the mental features; they are the main elements of this poem.

The poem starts with "I sit in the top ..." indicating that the hawk regards himself as being "the greatest". He is totally self-centred and superior even in sleep. Even when resting he is able to practise "perfect kills" (l. 4).

This high opinion of himself is continued in stanza 2 where he maintains that the air, the sun and the high trees all contribute to him. Everything is to his "convenience" (l. 5).

His arrogance comes to a first peak in stanza 3 in the statement: "It took the whole of Creation/ To produce my foot, my each feather:/ Now I hold Creation in my foot." Through "I" and "my" the speaker (the hawk) is ever-present in each stanza and thus throughout the poem (first person narrator).

Everything is inferior to him: "I kill where I please because it is all mine" and "My manners are tearing off heads –" (stanza 4). Other creatures are not mentioned explicitly but only indirectly, they are referred to as "prey". There is no bad conscience in the hawk ("no falsifying dream", "no sophistry", "no arguments"). He is very self-confident, not to say conceited, and convinced of his absolute control over creatures, time and change (ll. 22 ff.). His raised position (l. 1), "And the earth's face upward for my inspection." (l. 8) and his view down from above contribute to this sense of superiority.

The hawk only lives for killing and nature is on his side (even created him for this purpose/stanza 3). "The sun is behind me" (l. 21) shows that this source of life and creation also asserts him in "the one path of my flight" (l.18). This one purpose of killing is underlined by the only alternative to him: "eyes closed", "inaction" (ll. 1–2). Even in sleep he is perfect (l. 4).

The second peak of the hawk's arrogance is reached in the last stanza where he sets himself above time ("My eye has permitted no change.") and the Creator ("I am going to keep things like this.").

The poet conveys his message of a clear, precise and matter-of-fact view (hawk) through a language which does not need any ornaments, complicated poetic means like imagery, metaphors, similes, redundancies or absurdities. Nor does he resort to sound effects like alliteration, onematepoeia or assonance.

This plain style (almost no adjectives) conveys a feeling of something perfect. There is no need of artificial devices. The content is clear, so is the language. The language is economical and efficient and thus we feel harmony between the contents (the message) and form, structure and composition. There are no irregularities apart from the fact that we have a hawk as first-person narrator, thus a personification. But this of course makes the poem highly interesting to read and enjoy as this way of writing is quite unusual and relatively rare.

This point-of-view is quite out of the ordinary and the reader is inclined to find out about the poet's intention behind this and look for a meaning or a purpose beyond the very statements and the poem itself.

Zu Aufgabe 3

If we read the poem again before the background of a political meaning, the following phrases become relevant: "I sit in the top ..." (l. 1), "Or in sleep rehearse perfect kills ..." (l. 4); "... for my inspection" (l. 8), "Now I hold Creation in my foot" (l. 12), "I kill where I please because it is all mine." (l. 14), "The allotment of death." (l. 17), "No arguments assert my right:" (l. 20), "My eye has permitted no change." (l. 23) and "I am going to keep things like this." (l. 24).

We know this violence of expression all too well from autocratic rulers, from dictators who exert their absolute power in order to use man for their purposes. If we think about the power of the language, the verbal belligerence, cruelty or heroism, names like Hitler, Goebbels or Mussolini come to our mind.

As there are no other creatures mentioned in the poem, no other ruler or group is accepted or even acknowledged by the absolute dictator. There is only one being who dictates everything, who is the best and mightiest in the world. The hawk decides who is to be killed and who is to survive.

Thoughts like "I hold Creation in my foot" (hand) demonstrate a sort of megalomania. This is a state of mind we can find with every absolute ruler.

Absolute power fascinates and automatically leads to violence for the purpose of strengthening and consolidating this very power. It becomes necessary sooner or later to kill in order to stay in power and to demonstrate strength and the ability to assert oneself.

So the hawk can be compared to the absolute ruler. And as the hawk even rules time ("My eye has permitted no change." Cl. 23) we might think of Hitler's "Thousand-year empire".

But there is one big difference between animals in general and the hawk in the poem. As the hawk is personified he can say "I kill where I please because it is all mine." (l. 14). Animals usually only kill in order to eat and not just for fun or for demonstrations of power. The hawk can observe each and everyone from his raised position and make decisions on who and when to kill at his will. And as he is able to "fly" and "revolve" (l. 13) nobody can catch him or destroy his power. The hawk is almighty and absolute in his rulership and sovereignty. He is the ruler over life and death as is a dictator or tyrant. Both control everything and everyone and exert absolute power. The hawk is not only driven by mere instinct here but he has a free will. A dictator on the other hand not only has his free will, but must also have some instinct for power.

Zu Aufgabe 4

As we have seen above the hawk's view is of absolute arrogance and a feeling of superiority. He is "on top of the world" and inspects everything. He considers himself "the pride of creation", and the air and the sun (as the source of all life) support and prove this attitude.

Do we not also show this arrogance towards nature? Do we not believe that this world and nature belong to us? We ruthlessly exploit nature in its richness and resources. We destroy rainforests, cause air and water pollution, global warming and the greenhouse effect. We regard earth and nature as our property that we can do with whatever we like. We are lords over nature and thus "play God". We are superior to all other creatures in that we can reflect what we are doing and so reserve the right to rule over nature.

As the hawk says "I am going to keep things like this." (l. 24) we do not think much about our children and grandchildren, the generations to come. We live for the moment, enjoy our lives, no matter what is going to happen next.

The hawk, too, does not think about any consequences. He, too, lives for today and enjoys his power, energy and superiority. So both – man and hawk – regard themselves as the crowning achievement of creation and absolute rulers. Both are self-centered, self-confident (arrogant) and try to exert absolute control over time and change. We do not think much about moral obligations towards nature and our children and are convinced that we have the natural right to rule. There is no need for any justification. Absolute rulers do not have to justify themselves.

The hawk thinks like a human being in this poem and uses human concepts. So there is a close relationship between him and man. If he is either mad or evil in his way of thinking and acting, the same is true for man.

Thus the hawk and man not only resemble one another in their attitudes towards nature but also in their lust for power over other creatures.

Anmerkungen

Schon zu Beginn des Kapitels 7.3 wurde darauf hingewiesen, dass wir kein Gedicht ausgewählt haben, das sich durch eine fest vorgeschriebene Form (Reimschema, Metrum, Sprachfiguren oder *sound effects*) hervorhebt, sondern ganz bewusst ein Gedicht, das mehr vom Inhalt her interpretiert werden muss.

Das heißt natürlich nicht, dass Sie das entsprechende »Handwerkszeug« zur Analyse z. B. eines Sonetts nicht im Abitur parat haben müssen. Wie an anderer Stelle bereits angemerkt, kann es nicht Sinn und Zweck dieses Buches sein, den Oberstufenunterricht zu ersetzen. Dieses Buch soll den Unterricht begleiten, Hilfen geben und auf Literatur verweisen, die schülerrelevant ist und ergänzenden Charakter hat. Sollten Sie sich z. B. insbesondere für Literatur zur Interpretation und Analyse von Gedichten interessieren (vor allem unter sprachlichen und linguistischen Aspekten), dann ist neben dem bereits genannten Rotter/Bendl (Bd. II) Geoffry N. Leech zu empfehlen (genaue Angaben siehe Literaturverzeichnis). Hier finden Sie eine Fülle von Anregungen, Beispielen und Hilfen zum Gedichtaufbau, Vokabular und auch zu den Epochen der Literaturgeschichte. Die Bücher sind verständlich geschrieben, sodass sie sich zur selbstständigen Erarbeitung eignen.

Es ist für Sie nahezu unmöglich, einen Überblick über die Sekundärliteratur auch nur zur Dichtung zu bekommen. Daher fragen Sie unbedingt Ihre Lehrerinnen oder Lehrer, was sie empfehlen, denn sie arbeiten auch vorzugsweise mit bestimmten Büchern.

Da Gedichte zeitüberdauernd sind, sollten Sie immer in der Lage sein, einen Bezug zur Gegenwart herzustellen. Sie könnten sich die Frage stellen »Welche Bedeutung hat das Gedicht für mich heute?«

Das Thema unseres Gedichtes »Hawk Roosting« ist »Natur« und im weiteren Sinne »Mensch und Natur«. Andere Themen wären z. B. »Liebe«, »Religion«, »Technik«, »Krieg«, »Tod«, »Alter« oder »Zeit/Vergänglichkeit« und »Macht«. Es spricht auch nichts dagegen, Ihre Lehrerinnen bzw. Lehrer zu bitten, einmal speziell ein Gedicht unter strukturellen, sprachlichen oder linguistischen Gesichtspunkten zu analysieren. Dazu böte sich ein Shakespeare-Sonett an (z. B. Sonett 18, → Seite 85 f.), da diese als sprachliche Meisterwerke gelten. Der Umgang mit Sprache und Bildern, Struktur und Aufbau sowie dichterischen Mitteln ist unübertroffen. Dies erfordert natürlich Motivation und Interesse für Dichtung und Sprache, was man aber eigentlich in der Oberstufe und speziell im Leistungskurs voraussetzen kann.

Gedichte und ihre Behandlung im Unterricht oder gar in der Abiturprüfung stoßen bei den Schülerinnen und Schülern zunächst meist auf große Ablehnung: deshalb an dieser Stelle einige allgemeine Zeilen zu dem Thema Gedichte in der Prüfung und im Unterricht, um Ihnen den Umgang mit dieser Textart zumindest zu erleichtern. Vielleicht helfen Ihnen die folgenden Passagen darüber hinaus aber auch, neue Möglichkeiten bei der Arbeit mit Gedichten zu entdecken, und vielleicht lernen Sie auf diese Weise mit der Zeit sogar, Spaß an der Arbeit mit Gedichten zu entwickeln.

Vorab sei schon mal darauf hingewiesen, dass Lehrerinnen und Lehrer immer wieder die Erfahrung machen, dass eine anfängliche Abneigung vieler Schülerinnen und Schüler gegenüber Gedichten bei einer intensiveren Beschäftigung mit dieser Form der Sprache schnell in Interesse und oft sogar in Begeisterung umschlägt. Daher schon vorab die Bitte: Geben Sie nicht zu schnell auf, wenn Sie im Unterricht und erst recht in den letzten Halbjahren vor dem Abitur Gedichte behandeln.

Viel hängt natürlich von der Methodik der Lehrerin bzw. des Lehrers ab. Dabei ist es entscheidend, wie sie/er Inhalt, Aufbau und Möglichkeiten der Analyse und Interpretation vermittelt, und nach welchen Kriterien sie/er Gedichte auswählt. Werden die Meinungen der Schüler und Schülerinnen akzeptiert, ihre Äußerungen ernst genommen? Fruchtbringend wäre hierbei sicherlich die Anregung, einmal selbst ein Gedicht zu verfassen, um die Kreativität der Schülerinnen und Schüler zu fördern. Auch könnten die Lehrerinnen bzw. Lehrer im Unterricht auf den Verfasser und sein Leben eingehen. Interessant wären auch gegensätzliche Gedichte zu einem Thema, sodass sich im Unterricht eine Diskussion entwickeln kann. Wir sehen, vieles liegt an den Lehrerinnen bzw. Lehrern und der Frage: Wie bringen sie das Thema rüber? Wenn Sie Vorschläge für den Unterricht haben, sprechen Sie daher ruhig Ihre Lehrerin oder Ihren Lehrer an. Sicher wird sie/er gern auf Ihre Anregungen eingehen.

Andererseits geht es auch nicht ohne den Lernwillen der Schülerinnen und Schüler (Stichwort: Bringschuld). Sie müssen schon eine gewisse Bereitschaft zur Mitarbeit zeigen und sich auf bestimmte Thematiken und Formen der Darstellung einlassen. Schließlich kann und sollte eine intensive Beschäftigung mit verschiedenen Textsorten und Textarten auch zum Erlebnis und zum Genuss werden; hier nun einige Anregungen, die Ihnen helfen sollen, offen auf die Gedichtarbeit zuzugehen:

Gedichte tragen in hervorragender Weise dazu bei, Ansichten und Gefühle auf hohem sprachlichen Niveau untereinander kontrovers zu besprechen. In ihrer kompakten sprachlichen Form helfen sie, dass Sie sich als Schülerinnen und Schüler sprachlich weiterentwickeln, sicherer in der Fremdsprache werden und generell besser mit der (Fremd-)Sprache umgehen können. Sie lernen durch Gedichte verschiedene Sprachebenen und -nuancen kennen.

Gedichte regen ebenso dazu an, über Sprache zu sprechen (Metasprache). Gerade in unserer Zeit ist der Begriff »Jugendsprache« häufig thematisiert worden. Genauso wie man z. B. Märchen in Jugendsprache »übersetzt«, könnte man auch mal ein Gedicht in eine moderne Sprachform bringen. Daran anschließen könnte sich eine Diskussion darüber, warum viele Kinder und Jugendliche so sprechen wie sie sprechen. Warum wird so vieles herabgewürgt und verachet? Warum bedeuten Sprache und Rhetorik Macht?

Wir sehen, es gibt eine Fülle von Möglichkeiten, metasprachliche Untersuchungen anzustellen und zu diskutieren. Wir alle wissen, dass Sprache Glück und Liebe vermitteln, aber auch verletzen und (Gefühle) »töten« kann. Der bewusste Umgang mit Sprache – auch über den Unterricht und die Schulzeit hinaus – muss erläutert und geübt werden. Und dazu können Gedichte in hervorragender Weise beitragen.

Eine weitere gute Möglichkeit etwas über Dichter, ihre Ansichten, Gefühle und Sprache zu lesen ist es, zwei Gedichte zu ein und demselben Thema aus unterschiedlichen Epochen zu vergleichen (z. B. Liebeslyrik im 16./17. Jahrhundert und heute). Was unterscheidet z. B. ein platonisches Gedicht von John Donne (1572–1631) von einem Liebesgedicht des 20. Jahrhunderts?

Sehr ertragreich kann auch eine Untersuchung einer ganzen Epoche oder Gattung anhand von mehreren Gedichten unterschiedlicher Dichter sein (z. B. *Metaphysical Poetry* oder *Romantic Poetry*).

Nach einem systematischen Unterricht in den letzen beiden Jahrgangsstufen sollten Sie, auch im Hinblick auf das Abitur, in der Lage sein, etwas über die wichtigsten Epochen der englischen Dichtung zu sagen, zumindest zwei oder drei Dichter zu kennen und auch ein paar der berühmtesten Gedichte zu nennen. Vielleicht fragen Sie Ihre Lehrerinnen bzw. Lehrer einmal nach einer guten und preisgünstigen Literaturgeschichte.

Ein entscheidendes Stichwort ist »sich einlassen«. Es ist wichtig, dass Sie sich drei bis vier Wochen einmal mit einem Thema wie Lyrik, Kurzgeschichte oder Roman beschäftigen. Es wird von Ihnen verlangt, dass Sie Protokolle und Kurzreferate verfassen sowie Wichtiges von weniger Wichtigem unterscheiden lernen. Sie müssen ein Werk unter verschiedenen Gesichtspunkten analysieren lernen und wichtige Begriffe in der Fremdsprache anwenden können (z. B. *caesura*, *complet*, und ähnliche). Dies kann man alles lernen. Man muss sich nur darauf einlassen, und es auch lernen wollen. Wenn man von vornherein lustlos und widerwillig »an die Sache herangeht«, dann kann man zu keinem guten Ergebnis kommen. Man kann mit einem Minimum an Aufwand nicht etwas Maximales erreichen. Natürlich haben Sie mit einem »ausreichend« bestanden. Doch reicht Ihnen das wirklich? Können Sie nicht doch mehr? Auch die anspruchsvollere Textarbeit an Gedichten kann erlernt werden. Sie muss Ihnen kein »Buch mit sieben Siegeln« bleiben.

9.9 Beispielklausur zum Thema: »Immigration« (GK)

Irish Immigration to the USA

The Irish immigrants left a rural lifestyle in a nation lacking modern industry. Many immigrants found themselves unprepared for the industrialized, urban centers in the United States. Though these immigrants were not the poorest people in Ireland (the poorest were unable to raise the required sum for steerage passage on a ship to America), by American standards, they were destitute.

Irish immigrants often crowded into subdivided homes that were intended for single families, living in tiny, cramped spaces. Cellars, attics and make-do spaces in alleys became home. Not only were many immigrants unable to afford better housing, but the mud huts in which many had lived in Ireland had lowered their expectations.

A lack of adequate sewage and running water in these places made cleanliness next to impossible. Disease of all kinds resulted from these miserable living conditions. Thus, when the Irish families moved into neighborhoods, other families often moved out fearing the real or imagined dangers of disease, fire hazards, unsanitary conditions and the social problems of violence, alcoholism and crime.

Ill will toward Irish immigrants because of their poor living conditions, and their willingness to work for low wages was often exacerbated by religious conflict. Centuries of tension between Protestants and Catholics found their way into United States cities and verbal attacks often led to mob violence. For example, Protestants burned down St. Mary's Catholic Church in New York City in 1831, while in 1844, riots in Philadelphia left thirteen dead.

During much of the nineteenth century, when large numbers of Irish and Blacks were present, they were pushed into competition. There are striking parallels in the culture and history of the two groups. They began their life in America with low social and economic status. Over time, they advanced in common fields such as sports, entertainment, religion, writing and publishing, and politics. They even had similar social pathologies – alcoholism, violence and broken homes. Rather than being united by their common hard life, they were divided by the need to compete. For political benefit, this pattern was reinforced as Blacks were drawn to the Republican Party while the Irish strength in numbers was wooed by the Democratic Party.

The Conscription Act of 1863 exacerbated tense relationships. This act made all white men between the ages of twenty and forty-five years eligible for the draft by the Union Army. Free black men were permitted to "volunteer" to fight in the Civil War through the provisions of the Emancipation Proclamation. However, Blacks were not drafted or otherwise forced to fight. In addition, white men with money could illegally bribe doctors for medical exemptions, or legally hire a substitute. Lower-class workers could not afford to pay for deferments. The inequities in draft eligibility between blacks, monied whites, and lower-class whites (many of whom were Irish), inevitably increased racial tensions.

adapted from: The Library of Congress, http://lcweb2.loc.gov/ammem/ndlpedu/features/immig/irish3.html

Aufgaben

1. Questions on the text

   Answer the following questions in full. Stick to the information in the text, but try to use your own vocabulary as far as possible. Leave out the question 2 translation passage (ll. 27–34) when answering the questions.

   a) What problems did Irish immigrants face in the USA?

   b) Which parallels are drawn between Blacks and the Irish?

2. Translation

   Translate the last paragraph of the text (ll. 27 – 34:
   "The Conscription Act of 1863 exacerbated ... increased racial tensions.")

Lösungsvorschläge

Zu Aufgabe 1 a)

What problems did Irish immigrants face in the USA? (ll. 1–18)

- lacking modern industry at home ⇒ unprepared for the industrialized, urban centers in the United States
- destitute
- crowded into subdivided homes that were intended for single families
- living in tiny, cramped spaces, cellars, attics and make-do spaces in alleys
- lack of adequate sewage and running water ⇒ no cleanliness ⇒ diseases of all kinds
- dangers of disease, fire hazards, unsanitary conditions, social problems of violence, alcoholism and crime ⇒ non-Irish families left the area
- ill will toward Irish immigrants because of poor living conditions and willingness to work for low wages
- religious conflict because of the continuation of the centuries-old tension between Protestants and Catholics ⇒ verbal attacks leading to mob violence

The Irish faced many problems in their new country. As they had come from a predominantly agricultural society, they had problems coping with the industrialized cities in the USA. And although they had been comparatively well-off in their home country – otherwise they wouldn't have been able to pay for the passage to the States – they were extremely poor compared to the Americans.

Consequently they couldn't afford proper homes and many people had to share small flats that were originally intended for single families. Bad sanitary conditions resulted in diseases, which, together with problems like alcohol and crime, made other people move away from the area the Irish were living in.

The Americans and other immigrant groups did not like the Irish because they worked for low wages. Furthermore, religious problems between Catholics and Protestants aggravated the tensions and led to violence against the Irish.

Zu Aufgabe 1 b)

Which parallels are drawn between Blacks and the Irish? (ll. 19–26)

- beginning of life in America with low social and economic status
- gradual advancement in common fields such as sports, entertainment, religion, writing, publishing, politics
- similar social pathologies: alcoholism, violence, broken homes
- divided by the need to compete
- Blacks drawn to the Republican Party, Irish to the Democratic Party

There were similar developments between Afro-Americans and Irish immigrants. Socially and economically they were at the bottom end of the ladder and had problems with alcohol and violence.

Gradually they made their mark in fields like sports, literature, the media and politics, though in the latter case they were drawn to different political parties. Interestingly, instead of sticking together in their common plight, they competed against each other.

Zu Aufgabe 2

Das Einberufungsgesetz (Aushebungsgesetz) von 1863 verschärfte die gespannten Beziehungen. Dieses Gesetz machte es möglich, alle weißen Männer zwischen 20 und 45 in die Unions-Armee einzuziehen. Aufgrund der Emanzipations-Proklamation durften freie Schwarze freiwillig im Bürgerkrieg kämpfen. Sie wurden jedoch nicht eingezogen oder anderweitig gezwungen zu kämpfen. Darüber hinaus konnten Weiße Ärzte für medizinische Ausnahmegenehmigungen bestechen oder legal einen Ersatz anwerben. Arbeiter aus der Unterschicht konnten es sich nicht leisten, für Zurückstellungen zu zahlen. Die Ungerechtigkeiten bei der Einberufung zwischen Schwarzen, begüterten Weißen und Weißen aus der Unterschicht (von denen viele Iren waren) erhöhten unvermeidlich die Rassenspannungen.

9.10 Beispielklausur zum Thema: »Immigration« (LK)

Immigration from Mexico

The Mexican government has expressed its strong support for an illegal-alien amnesty, and the Bush Administration is expected to propose a new Mexican guestworker program during President Fox's state visit in September. What would be the likely effects of such policies? One way to answer this question is to examine the characteristics of current Mexican immigrants. To this end, the Center for Immigration Studies has published *Immigration from Mexico: Assessing the Impact on the United States by the Center's Director of Research, Steven A. Camarota.* The new report contains detailed information on the economic and demographic characteristics of Mexican immigrants at both the national and state level. Topics examined include: education, welfare dependence, economic mobility and poverty, impact on prices and native wages, and performance of the 2nd and 3rd generations.

The report's findings show that large-scale immigration from Mexico is a very recent phenomenon. In 1970, the Mexican immigrant population was less than 800,000, compared to nearly 8 million in 2000.

Almost two-thirds of adult Mexican immigrants have not completed high school, compared to fewer than one in ten natives. Mexican immigrants now account for 22 percent of all high school dropouts. Though most natives are more skilled and thus do not face significant job competition from Mexican immigrants, this study indicates that the more than 10 million natives who lack a high school degree do face significant job competition from Mexican immigrants. By increasing the supply of unskilled labor, Mexican immigration in the 1990s has reduced the wages of workers without a high school education by an estimated 5 percent. The workers affected are already the lowest-paid, comprising a large share of the working poor and those trying to move from welfare to work.

Author Steven Camarota said of the findings, "Mexican immigration is overwhelmingly unskilled, and it is hard to make an economic argument for unskilled immigration because it tends to reduce wages for workers who are already the lowest paid. Moreover, this cheap labor comes with a high cost. Because the modern American economy offers very limited opportunities for workers with little education, continued unskilled immigration cannot help but to significantly increase the size of the poor and uninsured populations, as well as the number of people using welfare."

Because of their much lower education levels, Mexican immigrants earn significantly less than natives on average. This results in lower average tax payments. Although comprising 4.2 percent of the nation's total population, Mexican immigrants' children account for 10.2 percent of all persons in poverty. Even among Mexican immigrant families that have lived in United States for more than 20 years more than half live in or near poverty. They still have double the welfare dependence rate of natives. The lower educational attainment of Mexican immigrants appears to persist across the generations. The high school dropout rates of native-born Mexican-Americans (both second and third generation) are two and a half times that of other natives.

Different means to solve the problems are being recommended at the moment. The United States needs to consider programs designed to improve the labor market skills of legal Mexican immigrants. It is also absolutely essential that more effort be made to improve educational opportunities for their children so that they will have the skills necessary to compete in the modern American economy. In the future, the United States should also consider policies designed to reduce unskilled legal immigration in general, including from Mexico. Greater resources should also be devoted to stopping illegal immigration, including enforcement of the ban on hiring illegal aliens.

Camarota, Steven A., Center for Immigration Studies, on www.cis.org/articles/2001/mexico/release, adapted

Aufgaben

1. Working with the text

   Answer the following questions in full. Stick to the information given in the text, but try to use your own vocabulary as far as possible. No points will be given if you only copy the text. When answering the questions, leave out the passage for the translation.

   a) Which details concerning the educational level of Mexican immigrants are given in the text? What are the consequences for U.S. society?

   b) What solutions to the immigration problem are offered in the text?

2. Translation

   Translate the first two paragraphs of the text
   (ll. 1 – 12: "The Mexican government ... 8 million in 2000.").

Lösungsvorschläge

Zu Aufgabe 1 a)

Which details concerning the educational level of Mexican immigrants are given in the text? What are the consequences for U.S. society?

Hinweis: Sie sollten bei dieser Frage nicht chronologisch vorgehen, sondern sie inhaltlich dem ersten und zweiten Teil der Frage entsprechend gliedern. Beim ersten Teil der Frage empfiehlt es sich zuerst die allgemeinen Punkte und danach die genaueren Fakten darzulegen.

educational level

- Mexican immigration overwhelmingly unskilled (l. 21)
- much lower education levels (l. 27)
- almost two-thirds of adult Mexican immigrants have not completed high school, compared to fewer than one in ten natives (ll. 13/14)
- Mexican immigrants now account for 22 percent of all high school dropouts. (l. 14)

- high school dropout rate of native-born Mexican-Americans in the second and third generations two and a half times that of natives (ll. 33/34)

consequences

- the more than 10 million natives lacking a high school degree face significant job competition from Mexican immigrants (ll. 16/17)
- workers affected are the lowest-paid, comprising a large share of the working poor and those trying to move from welfare to work (ll. 19/20)
- Mexican immigration in the 1990s has reduced the wages of workers without a high school education by an estimated 5 percent (ll. 18/19)
- significantly increases the size of the poor and uninsured populations, as well as the number of people using welfare because of modern American economy offering very limited opportunities for badly-educated workers (ll. 23–26)
- Although comprising 4.2 percent of the nation's total population, Mexican immigrants' children account for 10.2 percent of all persons in poverty (ll. 28 – 30)
- poverty of more than half of immigrant families having lived in the States for more than 20 years (ll. 30/31)
- still double the welfare dependence rate of natives (ll. 31/32)
- lower average tax payments (l. 28)

Most of the Mexican immigrants have no real vocational education and less basic schooling as well. 66 percent of these immigrants have not finished high school, compared to only ten percent of natives. And more than one fifth of the overall number of students who do not graduate from high school are Mexican immigrants, a problem which doesn't even improve in the second or third generations.

The effects of Mexican immigration are severely felt by native Americans, especially by those who don't have a high school degree and are therefore confronted with cheap Mexican workers who compete for the lowest paid jobs. This development has led to a reduction of wages in these unskilled jobs.

Consequently the number of people who are poor, uninsured and dependent on welfare is on the rise as the American economy has few unskilled jobs.

More than half of the Mexican immigrants live in poverty even after 20 years in the USA and twice the number live off welfare in comparison to native Americans. Tax revenues are affected for the worse by this situation.

Zu Aufgabe 1 b)

What solutions to the immigration problem are offered in the text?

Letzter Abschnitt

- programs designed to improve the labor market skills of legal Mexican immigrants
- improve educational opportunities for their children so that they will have the skills necessary to compete in the modern American economy
- policies designed to reduce unskilled legal immigration in general, including from Mexico
- greater resources devoted to stopping illegal immigration, including enforcement of the ban on hiring illegal aliens

The author suggests several ways to cope with the problem of immigration. The USA should introduce programs that make legal Mexican immigrants fit for the requirements of the American labor market. For the same reason educational initiatives aimed at improving the schooling of Mexican immigrant children should be introduced.

A further point to solve the problem is to restrict the immigration of people who lack the skills necessary for competing on the American labor market. And last but not least the government should hinder illegal immigrants from getting into the country. It could make immigration less attractive by introducing tighter laws against entrepreneurs who hire illegal immigrants.

Zu Aufgabe 2

Die mexikanische Regierung hat ihre starke Unterstützung für eine Amnestie (auch: »Straffreiheit« – aber keinesfalls »Freilassung« oder »Begnadigung«; das Fremdwort »Amnestie« drückt hier den Vorgang am besten aus) von illegalen Einwanderern zum Ausdruck gebracht, und man erwartet von der Bush-Administration (der Regierung Bush) während des Staatsbesuchs von Präsident Fox, dass sie ein neues Programm für mexikanische Gastarbeiter vorschlägt. Was wären die wahrscheinlichen Auswirkungen derartiger (politischer) Maßnahmen? Ein Weg (Eine Möglichkeit), diese Frage zu beantworten, ist eine Untersuchung der Charakteristika (Merkmale) der derzeitigen mexikanischen Immigranten. Mit diesem Ziel hat das Zentrum für Immigrationsstudien (man kann den Begriff »Center for Immigration Studies« eventuell übernehmen; das hängt, wie auch in den nächsten ähnlichen Beispielen, von der Lehrkraft ab) den Bericht (muss hier eingefügt werden, obwohl es im englischen Text nicht vorkommt) des Forschungsdirektors des Zentrums (hier eventuell auch: »des Direktors des Center of Research«) »Die Einwanderung aus Mexiko: Eine Einschätzung der Auswirkung auf die Vereinigten Staaten« (eventuell auch: »Immigration from Mexico: Assessing the Impact on the United States«; ganz korrekt ist es, zunächst den englischen Titel, gefolgt von der in Klammern gesetzten Übersetzung des Titels anzugeben) herausgebracht. Dieser neue Bericht enthält detaillierte Informationen über die wirtschaftlichen und demografischen (bevölkerungsstatistischen) Eigenschaften der mexikanischen Einwanderer sowohl auf nationaler wie auch auf bundesstaatlicher (»staatlich« wäre hier falsch, da damit der gesamte Staat der USA bezeichnet würde – national – und nicht die einzelnen Bundesstaaten) Ebene. Die Themen, die untersucht wurden, beinhalten Bildung, Abhängigkeit von staatlicher Fürsorge, wirtschaftliche Mobilität und Armut, Auswirkungen auf Preise und Löhne der Einheimischen und auf das Verhalten der 2. und 3. Generation.

Die Ergebnisse des Berichts zeigen, dass die in großem Umfang auftretende Immigration ein Phänomen der jüngsten Zeit ist. 1970 lag die Zahl der mexikanischen Einwanderer unter 800.000, verglichen mit fast 8 Millionen im Jahr 2000.

9.11 Beispielklausur zum Thema: »New Media« (GK)

Escaping the Cyber-Slums

Data indicate that many who turn to the Internet for pornography or social contact do so because they consistently fail to succeed socially in their own world. These individuals generally fall into one of two categories: the socially inept and the "not-so-beautiful".

First, there are the socially inept. These are individuals who never mastered how to get along with others. When they were young, they often preferred playing computer games or doing other solitary activities. In some cases, they wanted to play with everyone else but were excluded. In their pre-teens or even earlier, these children were joining the ranks of the "at-risk" for later Internet involvement.

The second group who fail socially and are therefore at risk for Internet use are those not considered "beautiful" - they lack the physical attractiveness or money that would give them a fighting chance in many social circles. Despite being thoughtful, deep people with nice characters, these men and women have usually suffered repeated social rejection.

Men in this category are sometimes attracted to Internet pornography because it gives them a brief – albeit depraved – opportunity to leave their painful, lonesome reality. Loneliness can be excruciating, and these men are so desperate to escape their solitary lives that they use the Internet like a sort of hallucinogenic drug. After the fantasy, the return to reality is even more painful, and then these men often feel terribly guilty too; but until they find real companionship, they are likely to return to the net again and again.

Women who lack physical attractiveness or money are sometimes attracted to the Internet because the medium conceals their "appearance". While mainstream dating requires that people first reveal their physical profile or wealth, and only then get to know each other, the virtual world of the web seems to offer the opportunity first to get to know someone and only afterward discover these less intrinsic details. In theory, this should tip the scales in favor of nice-but-ordinary-looking, or nice-but-poor women.

The assumption is dangerously naive, however, since so many Internet relationships are built on deception and misrepresentation. Children pretend to be adults, adults pretend to be children, men pretend to be women and vice-versa, and people lie about their religion, background and accomplishments. In one survey, more than a quarter of those who socialized using email or instant messaging admitted to lying about their identity. Not surprisingly, disappointment and heartbreak are commonplace in Internet romance. This is not to mention those beastly predators who go online specifically to lure unsuspecting individuals to personal meetings and then victimize them.

We can teach our children about the cyber-street and about the hucksters and criminals who live there. This could lessen the Internet's attractiveness as a forum for meeting friends and partners. An even more significant step in reducing our children's vulnerability would be to teach children and students to value personal refinement and integrity at least as much as they value physical appearance or money.

The challenges and threats posed by the Internet leaves us no option but to strengthen family ties and teacher-student relationships; to stress in our educational approach and behavior the essential greatness of being human; to encourage questions and open discussion, especially about issues related to sexuality and religion; and to raise a generation who will seek marriage partners who are above all emblems of refinement and integrity. Parents and teachers who recognize these challenges can adjust to modernity and raise a heroic generation. Those who fail to see this hairpin turn in the path towards normalcy could lead their children and students over a disastrous precipice.

Lawrence Kelemen in: Judaism online, July 2004, adapted
Fundstelle auch: http://www.aish.com/societyWork/society/Escaping_the_Cyber-Slums.asp

Aufgaben

1. Working with the text

   Answer the following questions in full. Stick to the information given in the text, but try to use your own vocabulary as far as possible. Leave out the translation passage (ll. 24–30) when answering the questions.

   a) Give a general characterization of the two groups that turn to the Internet for pornography because they fail to succeed socially in their own world.

   b) Describe the kinds of men and women who are attracted to the Internet.

   c) How can children be protected against the dangers of the Internet?

2. Translation

   Translate the text from l. 24 – l. 30 ("The assumption is dangerously naive ... and then victimize them.").

Lösungsvorschläge

Zu Aufgabe 1 a)

Give a general characterization of the two groups that turn to the Internet for pornography because they fail to succeed socially in their own world. (ll. 4 – 11)

the socially inept

- never mastered how to get along with others
- often preferred playing computer games or doing other solitary activities when they were young
- wanted to play with everyone else but were excluded
- joined the ranks of the "at-risk" for later Internet involvement in their pre-teens or even earlier

the "not-so-beautiful"

- lack the physical attractiveness or money that would give them a fighting chance in many social circles
- suffered repeated social rejection despite being thoughtful, with nice character

Generally there are two groups that turn to the Internet for pornography because they fail to succeed socially in their own world. The first one is the socially inept, a group that commonly has problems socializing with other people. These are people who as children played a lot on the computer or who engaged in activities without other people being involved. They had been outsiders when they were young and consequently developed to potential victims of Internet addiction.

The second group is the "not-so-beautiful". These are people who are unattractive and, in addition, are not well-off either, characteristics necessary to be accepted by many societal groups. Though they are valuable human beings, they are constantly rejected by these other groups.

Zu Aufgabe 1 b)

Describe the kinds of men and women who are attracted to the Internet. (ll. 12 – 23)

men

- men of this category ("the not-so-beautiful") are attracted to Internet pornography because of a brief opportunity to escape their painful, lonesome reality
- use the Internet like a sort of hallucinogenic drug
- painful return to reality after the fantasy
- feel guilty
- are likely to return to the net again and again until they find real companionship

women

- women who lack physical attractiveness or money (advantage for the nice-but ordinary-looking, or nice-but-poor women)
- the Internet conceals their "appearance"
- the virtual world of the web seems to offer the opportunity first to get to know someone and only afterward discover these less intrinsic details

Unattractive men are drawn to the Internet as it gives them the opportunity to live in a world of illusions. Although these men are thrown back to real life afterwards and often feel guilty, they constantly turn to the Internet if they don't find a partner.

Women who are neither beautiful nor rich can hide these alleged disadvantages on the net. They can come into contact with men without having to reveal their unfavourable characteristics and hope that, when meeting an Internet contact face-to-face, these characteristics are no longer so decisive.

Zu Aufgabe 1 c)

How can children be protected against the dangers of the Internet? (ll. 36 – 42)

- teach children about the cyber-street and about the criminals who live there as it could lessen the Internet's attractiveness as a forum for meeting friends and partners
- teach children to value personal refinement and integrity at least as much as they value physical appearance or money
- strengthen family ties and teacher-student relationships
- stress the essential greatness of being human
- encourage questions and open discussion, especially about issues related to sexuality and religion
- raise a generation who will seek marriage partners who are above all emblems of refinement and integrity

One way to protect children against the dangers of the Internet might be to supply them with information about the criminal activities on the net, which might lessen the Internet's appeal to young people when trying to find partners.

Social education should concentrate on the importance of human values rather than on outward appearance or wealth. As a consequence moral features would be more important for young people than outward appearance when looking for a partner.

Another important point is for parents to conduct serious and open-minded discussions with their children, especially about subjects such as sexuality and religion.

Zu Aufgabe 2

Diese Annahme ist jedoch gefährlich naiv, da so viele Internetbeziehungen auf Täuschung und falschen Angaben aufgebaut sind. Kinder geben vor, Erwachsene zu sein, Erwachsene geben vor, Kinder zu sein, Männer geben vor, Frauen zu sein und umgekehrt, und Leute lügen bezüglich ihrer Religion, ihrer Vergangenheit und bezüglich ihrer Leistungen. Bei einer Umfrage gaben mehr als ein Viertel derjenigen, die durch E-Mails oder Instant-Messaging (Chats) Kontakte knüpfen, zu, dass sie bezüglich ihrer Identität nicht die Wahrheit sagten. So ist es nicht verwunderlich, dass Enttäuschung und gebrochene Herzen bei Internetromanzen ganz normal sind. Ganz zu schweigen von den gemeinen Verführern, die ganz gezielt online gehen, um ahnungslose Leute zu persönlichen Treffs zu locken, um sie dann zu schikanieren.

9.12 Beispielklausur zum Thema: »New Media« (LK)

The Porn Factor

In a *Friends* episode titled "The One With Free Porn", Chandler and Joey discover to their delight a free pornography TV channel, which they leave on and watch endlessly for fear it will go away. Later, a startled Chandler reports to Joey, "I was just at the bank, and there was this really hot teller, and she didn't ask me to go do it in the vault." Joey describes a similar cold shoulder from the pizza-delivery woman. "You know what?" Chandler concludes. "We have to turn off the porn."

Chandler maybe on to something. Call it the porn factor. Whereas pornography was once furtively glimpsed at dimly lighted newsstands or seedy adult theaters, today it is everywhere. It pours in over the Internet, sometimes uninvited, sometimes via eagerly forwarded links. It titillates 24/7 on steamy adult cable channels and on-demand services (a pay-per-view reality show *Can You Be a Porn Star?* made its debut on U.S. TV last month). It has infiltrated mainstream cable with a documentary series *Pornucopia: Going Down in the Valley* soon to appear on America's HBO channel. And in ways that have only begun to be measured, it is coloring relationships, both long- and short-term, reshaping expectations about sex and body image and, most worrisome of all, threatening to alter how young people learn about sex.

In recent years, a number of psychologists and sociologists have joined the chorus of religious and political opponents in warning about the impact of pervasive pornography. They argue that porn is transforming sexuality and relationships for the worse. Experts say men who frequently view porn may develop unrealistic expectations of women's appearance and behavior, and have difficulty forming and sustaining relationships and feeling sexually satisfied. Fueled by a combination of access, anonymity and affordability, online porn has catapulted overall pornography consumption. According to Alvin Cooper, who conducts seminars on cybersex addiction, 15 % of online-porn habitués develop sexual behavior that disrupts their lives. "The Internet is the crack cocaine of sexual addiction", says Jennifer Schneider, co-author of *Cybersex Exposed: Simple Fantasy or Obsession?*

Porn doesn't just give men bad ideas; it can give kids the wrong idea at a formative age. Whereas children used to supplement sex education by tearing through *National Geographic* in search of naked aboriginals and leafing through the occasional *Penthouse* they stumbled across in the garage, today many are confronted by pornographic images on a daily basis. In a 2001 poll by the Kaiser Family Foundation, 70 % of 15- to 17-year-olds said they had accidentally come across pornography online. Older teens may be aware of the effects of such images: 59 % of 15-to-24-year-olds told the pollsters they believe seeing porn on the Internet encourages young people to have sex before they are ready; 49 % said it promotes bad attitudes toward women and encourages viewers to think unprotected sex is O.K. "Pornography is affecting people at an increasingly young age," says sociologist Diana Russell, who has written several books on the subject. "And unfortunately for many kids growing up today, pornography is the only sex education they'll get."

Pamela Paul in: TIME Magazine, February 2, 2004, adapted

Aufgaben

1. Working with the text. Read all the questions first. Then answer them in the given order. Use your own words as far as is appropriate.
   a) How does the author introduce her article? What are her intentions?
   b) What are the negative effects of Internet pornography on men?
   c) In what way does Internet pornography influence young people?
   d) What does the author think about pornography? Which stylistic devices does she apply to show her opinion? Give three examples from the text.
2. Translation
   Translate the following text into German.

> Because children learn sexual cues early, boys may train themselves to respond only to images shaped by porn stars, while girls may learn that submission and Brazilian bikini waxes are the keys to pleasing men. Recent studies show a correlation between increased aggressiveness in boys and exposure to pornography, and a link between childhood use of porn and sexually abusive behavior in adulthood. "It's not easy to shock me," says Judith Coché, a therapist in Philadelphia who has been in practice for 25 years. "But one 11-year-old girl's parents discovered their daughter creating her own pornographic website because it's 'cool' among her friends." As such incidents multiply, more people – parents especially – may come to Chandler's conclusion: we have to turn off the porn.
>
> *Pamela Paul in: TIME Magazine, February 2, 2004*

Lösungsvorschläge

Zu Aufgabe 1 a)

How does the author introduce her article? What are her intentions? (ll. 1 – 5)

Pamela Paul introduces the article with a short description of an episode from the popular TV series *Friends*, which most people are familiar with. In this way she makes the reader interested in the article, especially as she deals with the problem of pornography in quite a comic way at first. This grabs the reader's attention better than starting off with pure facts and figures.

Zu Aufgabe 1 b)

What are the negative effects of Internet pornography on men? (ll. 11 – 23)

pornography
- is coloring relationships, both long- and short-term
- is reshaping expectations about sex and body image

- is transforming sexuality and relationships for the worse according to a number of psychologists, sociologists and religious and political opponents
- causes men who frequently view porn to develop unrealistic expectations of women's appearance and behaviour
- Men have difficulty forming and sustaining relationships and feeling sexually satisfied.
- Fueled by a combination of access, anonymity and affordability, online porn has catapulted overall pornography consumption.
- 15 % of online-porn habitués develop sexual behavior that disrupts their lives according to Alvin Cooper, who conducts seminars on cybersex addiction.

There are a lot of negative effects of Internet pornography on men mentioned in the text. Many experts and opponents of pornography argue that men have changed their expectations towards women for the worse. Since anybody can watch Internet pornography privately at any time without having to pay much for it, pornography consumption has increased enormously in recent years. As a result, some men view women only as sexual objects and compare the looks and sexuality of their real partners to the porn stars they see on the Internet.
This attitude towards women can make it difficult to find new partners or to keep a partnership going. In some cases this development even destroys the sexual lives of people who constantly watch pornography on the Internet.
The problem is illustrated by the fact that there are seminars for people who need help because they are addicted to Internet pornography.

Zu Aufgabe 1 c)

In what way does Internet pornography influence young people?

- Porn can give kids the wrong idea at a formative age.
- Whereas children used to supplement sex education by tearing through *National Geographic* in search of naked aboriginals and leafing through the occasional *Penthouse* they stumbled across in the garage, today many are confronted by pornographic images on a daily basis.
- 70 % of 15- to 17-year-olds had accidentally come across pornography online according to a 2001 poll by the Kaiser Family Foundation.
- Older teens may be aware of the effects of such images: 59 % of 15-to-24-year-olds told the pollsters they believe seeing porn on the Internet encourages young people to have sex before they are ready.

- 49 % said it promotes bad attitudes toward women and encourages viewers to think unprotected sex is O.K.
- Pornography is affecting people at an increasingly young age and pornography is the only sex education they'll get according to sociologist Diana Russell.

Pornography influences young people in a very negative way. They get the wrong impression about sexuality at an age when their sexuality is just about to develop. Whereas in former times they got hold of pornography only occasionally and secretly, they now have access to pornography almost every day. This is one of the contributing factors to why young people have sex today before they are mature enough.

And just like adult men, male teenagers get the wrong ideas about their female counterparts as Internet pornography is frequently their main source of sex education. Another extremely negative consequence of Internet pornography is that young people think that unprotected sex is nothing to worry about.

Zu Aufgabe 1 d)

What does the author think about pornography? Which stylistic devices does she apply to show her opinion? Give three examples from the text.

- Pamela Paul is clearly against pornography. This becomes evident by the direct repetition of Chandler's statement from the end of the first paragraph (l. 5 "We have to turn off the porn.") at the very end of her article.
- Moreover, the choice of words and expressions connected to pornography have a negative connotation like the "seedy adult theatres" (l. 7), the "steamy adult cable channels" (ll. 8, 9) or the "crack cocaine of sexual addiction" (l. 22). (Man könnte *crack cocaine* hier auch als *metaphor* bezeichnen.)
- And to prove her opinion she gives quotations and information from experts (ll. 21–23; Alvin Cooper, Jennifer Schneider)
- By the alliteration "access, anonymity and affordability" she emphasises the bad impact of pornography.

Zu Aufgabe 2

Weil Kinder auf sexuelle Reize sehr früh reagieren, erziehen sich Jungen vielleicht dazu, nur auf Bilder zu reagieren, die von Pornostars hervorgerufen werden, während Mädchen eventuell lernen, dass Unterwerfung und Brazilian-Bikini-Waxing der Schlüssel dazu ist, Männer zufrieden zu stellen. Neueste Studien zeigen eine Wechselbeziehung zwischen erhöhter Aggressivität bei Jungen und dem Ausgesetztsein gegenüber Pornografie einerseits, und andererseits eine Verbindung zwischen der Verwendung von Pornografie in der Kindheit und sexuellem Missbrauch im Erwachsenenalter. »Man kann mich nicht leicht schockieren.« sagt Judith Coché, eine Therapeutin in Philadelphia, die seit 20 Jahren praktiziert. »Aber die Eltern einer Elfjährigen entdeckten, dass ihre Tochter ihre eigene pornografische Webseite einrichtete, weil das ›cool‹ bei ihren Freunden ist. (weil das bei ihren Freunden wahnsinnig gut ankommt.)« Während es immer mehr solche Vorfälle gibt, kommen die Leute – und vor allem Eltern – zunehmend zu dem Ergebnis, zu dem auch Chandler kommt: wir müssen mit der Pornografie Schluss machen (wir müssen die Pornografie abschalten).

9.13 Beispielklausur zum Thema: »Genmanipulation« (GK)

Pope Expresses Opposition to GMOs

VATICAN CITY – In a call that could have an impact on farming techniques in predominantly Catholic parts of the developing world, Pope John Paul II said that using genetically modified organisms to increase production was contrary to God's will.

Speaking Nov. 12 to an estimated 50,000 farmers from Italy and elsewhere at a special outdoor mass dedicated to farmers, the Pope told them and their colleagues worldwide to "resist the temptation of high productivity and profit that work to the detriment of the respect of nature."
The pontiff added that "when (farmers) forget this basic principle and become tyrants of the earth rather than its custodians ... sooner or later the earth rebels."

Furthermore, the Pope said, if modern farming techniques "don't reconcile themselves with the simple language of nature in a healthy balance, the life of man will run ever greater risks, of which already we are seeing worrying signs." He did not specify the signs.

Though experts said that the impact of the Pope's statements were likely to have a limited impact in developed countries, where attitudes toward biotechnology were already well developed, the comments could have an influence in the developing world.

Heart Turner, a Rome food safety consultant formerly associated with the World Food Programme and the Italian Ministry of Agriculture, said that the new point of view from the Holy See could mold attitudes in Catholic regions such as Latin America and parts of Africa. "In many parts of the world, the Pope's views on a wide variety of subjects are taken far more seriously than their own government's views or the results of any scientific survey," Turner told BNA on Nov. 13.

The statements apparently represent a change for the Vatican, which had previously said it was not opposed to some forms of biotechnology if the science helped feed poor countries and was not misused. When contacted by BNA on Nov. 14, a spokesman for the Vatican declined to elaborate on John Paul II's statements.

John Monyo, the head of the biotechnology section at the United Nation's Rome-based Food and Agriculture Organization, told BNA on Nov. 14 that the statements could give ammunition to secular groups opposed to bioengineering.

"The impact of something like this is very difficult to estimate, but I would not be surprised to find the statements being used to support the views of non-religious groups," Monyo said. "Groups already opposed to genetically altered products will now be able to say that even the Pope supports their views."

Italy's Green Party, which has long opposed the use of genetically modified organisms in Italy and elsewhere, issued a short statement dated Nov. 14 applauding the Pope's statements.

But in Italy itself, the impact is expected to be minimal since the country is already one of the most conservative countries in Europe in terms of the use of GMOs. Prime Minister Giuliano Amato has repeatedly acted to tighten restrictions on the use of genetically altered food products, and the moves so far seemed backed by public opinion.

By Eric Lyman, The Bureau of National Affairs (BNA), Inc., Washington D.C., Nov. 15, 2000, slightly adapted

Aufgaben

1. Working with the text
   a) Sum up all the consequences the Pope's call might have. (For your summary, leave out the translation passage.)
   b) Translate the text from l. 4 to l. 11 ("Speaking Nov. 12 ... specify the signs.").
2. Comment (150 – 200 words)
   Where do you see the opportunities and risks of genetic engineering of human beings?

Lösungsvorschläge

Zu Aufgabe 1 a)

Sum up all the consequences the Pope's call might have.

Summary (ll. 1–3; 12–19; 24–36)

- limited impact in developed countries, where attitudes toward biotechnology were already well developed
- minimal impact in Italy itself since the country is already one of the most conservative countries in Europe in terms of the use of GMOs
- impact on farming techniques in predominantly Catholic parts of the developing world
- impact on attitudes in Catholic regions such as Latin America and parts of Africa
- the Pope's views on a wide variety of subjects are taken far more seriously than their own government's views or the results of any scientific survey in many parts of the world according to Heart Turner, a Rome food safety consultant
- ammunition to secular groups opposed to bioengineering according to John Monyo, the head of the biotechnology section at the United Nation's Rome-based Food and Agriculture Organization
- statements might be used to support the views of non-religious groups
- groups already opposed to genetically altered products will now be able to say that even the Pope supports their views
- Italy's Green Party, which has long opposed the use of genetically modified organisms in Italy and elsewhere, issued a short statement dated Nov. 14 applauding the Pope's statements

In the countries of the developed world, where strong opposition to GMO's already exists, the Pope's call is likely to have little impact. This includes Italy, which has a very conservative view concerning GMO's.

But in other parts of the world with mainly Catholic populations, like Latin America or parts of Africa, cultivation methods will definitely be influenced. This is because in many countries the Pope's view is more important than the arguments of the governments or the findings of scientific researchers.

Furthermore, even non-religious groups might use the Pope's statements to strengthen their own opposition, as well as groups which have been against GMO's before. Italy's Green Party, for example, which stands in strong opposition to these new farming methods, claims the Pope's view as a justification for their opposition.

Zu Aufgabe 1 b)

Als der Papst am 12. November bei einer speziell für Bauern abgehaltenen Freiluftmesse zu schätzungsweise 50 000 Bauern aus Italien und anderswoher sprach, sagte er ihnen und ihren Kollegen in der ganzen Welt, »dass sie der Versuchung hoher Produktivität und hoher Profite widerstehen sollten, die sich beide schädlich auf den Respekt vor der Natur auswirken.« Der Pontifex fügte hinzu, dass »wenn (Bauern) dieses grundlegende Prinzip vergessen und sich stattdessen eher zu Tyrannen anstatt zu Bewahrern der Erde entwickeln ..., die Erde früher oder später rebellieren wird.«

Darüber hinaus sagte der Papst, dass, wenn moderne Anbaumethoden nicht in einem gesunden Gleichgewicht mit der Sprache der Natur stünden, das Leben der Menschen immer noch risikoreicher werde, wofür es zur Zeit schon beunruhigende Anzeichen gebe. Er ging jedoch nicht genauer auf diese Anzeichen ein.

Zu Aufgabe 2

Where do you see the opportunities and risks of genetic engineering of human beings?

Mögliche Punkte

- Possible risks of genetic engineering:
  - misuse of information about a person's DNA structure
  - future genetically optimised individual, a vision causing nightmares for many
  - domination of financial interest over ethical considerations because of the medical business being strongly influenced by economic success
  - high costs for new genetically-based medical treatment will have poor people at a disadvantage
- Possible advantages of genetic engineering:
  - information about serious defects of an unborn child (e.g. Down Syndrome) seems to be possible.

- genetic tests may show whether or not a person is suitable for the treatment with a special medicine.
- healing of diseases incurable so far (cancer, Alzheimer)
- improvement of people's physical condition and longer life expectancy

Globalisation does not only influence economic fields, but also science. Whereas formerly new results in scientific research took years to filter through, information these days is rapidly passed on to the scientific community. This has led to an acceleration of new processes in genetic engineering. But are these achievements only positive?

The costs for medical treatments based on genetic engineering will be extremely high. Consequently only rich people will be able to afford them. As the medical business is increasingly influenced by economic success, financial interests may dominate over ethical considerations.

Another problem is the easy availability of information about a person's DNA structure and consequently about one's physical or intellectual characteristics. This knowledge might be abused by governments or employers to filter out people for a position or to discredit political opponents.

But there are many positive effects, too. Genetic testing before the birth of a child enables the treatment of potentially sick children while still in the womb.

Genetic tests may show whether a person is suitable for treatment with a special medicine. And diseases considered incurable today might be eradicated in the long run.

Despite the risks, genetic engineering shuld not be stopped. Even so, we should try to influence politicians and bio-engineering companies to act responsibly.

9.14 Abituraufgabe zum Thema: »Education« (LK)

Education: Comprehensively catastrophic

"Someone got chucked out of the window. A girl had her hair set on fire. Someone else was shot. You know," the speaker concluded – I take ironically – "the usual sort of school week." This was an ex-pupil at Risinghill, reminiscing about life at the infamous London school in Radio 4's compelling history of comprehensives, Comp!, broadcast on Thursday mornings.

Not all comprehensives, even in the 1960s, pushed their progressive theories to this anarchic extreme. The problem then, as now, was more often low expectations on the part of teachers and low-level but persistent disruption from pupils.

It's the sort of aggravation that drove teacher Francis Gilbert out of his profession for four years, "burnt out" by his time in London's comprehensives — as he graphically details in his new book, *Teacher on the Run: True Tales of Classroom Chaos.*

Some comprehensives, particularly those in middle-class suburbs, succeed. Many, perhaps most, serving inner-city communities, do not. Yet no government in the last 40 years has had the courage to reintroduce selective education.

It was not always like this. The post-war Labour education minister Ellen Wilkinson, a veteran of the Jarrow crusade in 1936 and a firebrand of the left, was a staunch believer in grammar schools. She had gone to one herself and saw them as public schools for the poor offering a meritocratic opportunity to everyone.

They did, too. Two-thirds of grammar school pupils in the early 1950s were working class. Only four of the 21 heads of big civil service departments listed by Anthony Sampson in 1971 were ex-public school pupils. The rest had attended grammar schools.

The tragedy is that the huge success of grammar schools became, to quote the sociologist Frank Musgrove, "apparent precisely when they were destroyed". Social mobility in Britain, according to a report published last April by the education charity the Sutton Trust, is now lower than in any of the eight countries studied other than America.

More young people from disadvantaged homes won places at Oxford and Cambridge in 1960 than is the case today. For all the egalitarian rhetoric that accompanied the abolition of the grammar schools, the move to comprehensive education has damaged the life chances of the very children it was meant to help.

It ought to have been obvious back in 1960, but it was not.

Middle-class families whose children had failed the 11-plus grew increasingly resentful. Academics such as A. H. Halsey at Oxford, who claimed that the exam allocated a quarter of children to the wrong school, argued that it was impossible to decide at this early age which children would benefit from which kind of school. Administrators such as Andrew Fairbairn and Stuart Mason in Leicestershire, brooded on stories of distress caused by the selection process and were converted to the comprehensive cause.

But the real revolution began when Labour came to power in the mid-1960s. Anthony Crosland, the then education secretary, famously declared that he was going "to smash every f..... grammar school in the country", and started bribing education authorities with capital grants to ensure they did his will. Some resisted, but most did not, and by the end of the 1970s 3,300 comprehensive schools had been created and 80% of pupils were being educated in them.

In retrospect it seems that the whole project was driven by political rather than educational considerations. The aim was to create a more equal society and if a few wonderful schools were destroyed in the process, so be it.

Nobody asked the question whether it might be better to keep selection and develop a more intelligent, secure mechanism to identify the children who would really benefit from an academic education. Nobody thought for a moment about the curriculum the less able would be offered in these new comprehensive schools. Nobody wondered whether it was really a good idea to create schools for 2,000 or more pupils.

(The text is to be continued with the translation.)

Aufgaben

1. Working with the text

   Read all the questions first, then answer them in the given order. Use your own words as far as is appropriate.

   a) Explain the stylistic device the author uses in the headline. (10 BE)

   b) What were the original intentions of introducing comprehensive schools? (20 BE)

   c) According to the author, what are the disadvantages of comprehensive schools? (10 BE)

   d) What is the author's opinion on grammar schools? Where does this become evident in the text? (30 BE)

   e) How does the author characterize the supporters of comprehensive schools? (30 BE)

2. Comment (50 BE)

   Write a comment in about 150 – 200 words.

   At some schools in Germany school uniforms have been introduced. Do you think this should be done nationwide?

3. Translation (50 BE)

   Translate the following text into German. The text is the continuation of the text above.

If Tony Blair was serious in his education reforms, he would be asking these questions. I suspect that if he had a free hand he might, for all his public protestations to the contrary, create new grammar schools. But he hasn't. Caught between the Scylla[1] of the "bog standard comprehensive", which he knows has failed, and the Charybdis[2] of backbenchers apoplectic in their hatred of the "elitist" 11-plus, he can only struggle manfully to square an impossible circle.

So we have "specialist" schools that in many cases are not that different from bog standard comprehensives and are, according to the Office for Standards in Education, failing even to teach their specialism adequately. We have city academies, which can cost the taxpayer £ 24 m each only to deliver results little or no better than the failed school they replaced.

Ruth Kelly, the secretary of state, apparently expects us to swoon in grateful admiration at her announcement that the government is to shut failing schools more quickly. What will she replace them with? Presumably yet more city academies, which, since they can select only up to 10 % of their pupils, share the wrongheaded notion of comprehensive schools – that children, no matter what their abilities or backgrounds, can successfully be taught together in the same classes.

Chris Woodhead in: The Sunday Times, September 11, 2005
http://www.timesonline.co.uk/article/0,,2092-1774016,00.html

1 Scylla – in Greek mythology: sea monster
2 Charybdis – an eddy that killed sailors in the sea between Italy and Sicily
"between Scylla and Charybdis" – in a situation where you have to choose between two possible actions, but both are dangerous or unpleasant

Lösungsvorschläge

Zu Aufgabe 1 a)

Explain the stylistic device the author uses in the headline.

The author uses a pun in the headline. With the expression "comprehensively", which normally means "completely", he also alludes to the term "comprehensive" schools. By combining it with the adjective "catastrophic" he indirectly gives his opinion on the subject.

Zu Aufgabe 1 b)

What were the original intentions of introducing comprehensive schools?

- the aim was to create a more equal society ... (l. 42)
- social mobility (l. 22)
- to make it possible for more young to go to elite universities (more young people from disadvantaged homes won places at Oxford and Cambridge in 1960 than is the case today.) (ll. 25/26)

- to get rid of the 11-plus selection procedure that allocated a quarter of children to the wrong school; impossible to decide at this early age which children would benefit from which kind of school; distress caused by the selection process (ll. 30–35)

Originally, comprehensive schools were introduced to abolish the inequalities of the former educational system. The aim was to pull down class barriers, support pupils from a low social background and encourage them to climb the social ladder by making it possible for them to attend the same schools and universities as the rich.

Additionally, many people thought that deciding on a child's educational future at the age of 11 happened at a stage when the abilities of a child could not be evaluated sufficiently. A further problem was the discomfort and pressure created by the exam itself.

Zu Aufgabe 1 c)

According to the author, what are the disadvantages of comprehensive schools?

- the whole project driven by political rather than educational considerations (ll. 41/42)
- no reflections about the curriculum the less able would be offered in these new comprehensive schools (ll. 46–47)
- the move to comprehensive education has damaged the life chances of the very children it was meant to help (ll. 27/28)
- nobody wondered whether it was really a good idea to create schools for 2,000 or more pupils (ll. 47–48)
- violence (1st paragraph)

The author describes many disadvantages of comprehensive schools. Basically the problem was that they were established under political aspects and not under educational ones. Consequently the curricula did not help the less intelligent pupils, but in many cases destroyed their future prospects. And schools for some 2000 pupils created an atmosphere of violence and aggression.

Zu Aufgabe 1 d)

What is the author's opinion on grammar schools? Where does this become evident in the text?

- More young people from disadvantaged homes won places at Oxford and Cambridge in 1960 than is the case today. (ll. 25/26)
- for the poor offering a meritocratic opportunity to everyone. (ll. 16/17)
- Two-thirds of grammar school pupils in the early 1950s were working class. (l. 18)
- Only four of the 21 heads of big civil service departments listed by Anthony Sampson in 1971 were ex-public school pupils (nicht vergessen: in England bezeichnet man Privatschulen als public schools!). The rest had attended grammar schools. (ll. 18–20)
- The tragedy is that the huge success of grammar schools became, to quote the sociologist Frank Musgrove, "apparent precisely when they were destroyed". (ll. 21/22)

The author is in favour of grammar schools. He is of the opinion that grammar schools supported the socially weak pupils better than comprehensives. This is documented by the fact that in 1960 more students from a low social background won places at elite universities than today. (ll. 25–26)

Another important point is that in the early 1950s 66 percent of the grammar school pupils were working class, which clearly shows that grammar schools were not only open to children with wealthy parents or from middle-class backgrounds. (l. 18)

It is quite obvious that British society was not only dominated by inequality as the majority of top civil service positions was not given to former public school pupils but to pupils from grammar schools (ll. 18–20). However, recognition of the advantages of grammar schools unfortunately coincided with their abolition.

Zu Aufgabe 1 e)

How does the author characterize the supporters of comprehensive schools?

- no government in the last 40 years has had the courage to reintroduce selective education (ll. 12/13)
- Middle-class families whose children had failed the 11-plus grew increasingly resentful (l. 30)

- Administrators such as Andrew Fairbairn and Stuart Mason in Leicestershire, brooded on stories of distress caused by the selection process and were converted to the comprehensive cause (ll. 33–35).
- But the real revolution began when Labour came to power in the mid-1960s. Anthony Crosland, the then education secretary, famously declared that he was going "to smash every f... grammar school in the country", and started bribing education authorities with capital grants to ensure they did his will. (ll. 36–39)
- Nobody asked the question whether it might be better to keep selection and develop a more intelligent, secure mechanism to identify the children who would really benefit from an academic education. Nobody thought for a moment about the curriculum the less able would be offered in these new comprehensive schools. (ll. 44–47)

The author describes the governments of the last 40 years as too weak to re-introduce a sensible educational system. And many supporters of the original introduction of comprehensive schools are characterized as selfish as they were only against grammar schools because their own children had not been able to surmount the obstacles of the entrance requirements.The Labour Party is discredited in that the author of the article quotes the offensive language of the former Secretary of State for Education, Anthony Crosland. Furthermore he is said to have only won the support of education authorities by supporting them financially. Last but not least, the education authorities are blamed for their inability to create an intelligent scheme which only selects children for a more academic, grammar school education when they are really suited to it. And the incompetence when it comes to developing a curriculum helping intellectually weak children is criticized as well.

Zu Aufgabe 2

Comment: At some schools in Germany school uniforms have been introduced. Do you think this should be done nationwide?

pros

- save money on clothing, cheaper for parents, no need for designer labels
- cut down on teasing and cliques
- concentration on personal and intellectual values
- solidarity with the school and school-mates
- decent behaviour in class
- even without school uniforms individualism hardly possible because of the influence of ads, movies, pop music and sports

cons

- expensive as well
- differences between social classes because of different quality of uniforms, e.g. worn-out clothes from brothers and sisters; neglected children's untidiness still visible
- mobbing won't be abolished as not only clothes are responsible for it
- designer labels still important outside school
- notion that conformity is good; loss of individualism, restriction of freedom
- preliminary to militarism
- other status symbols than clothes, e.g. expensive jewellery, wristwatches, school bags, bikes

Zu Aufgabe 3

Wenn es Tony Blair ernst mit der Bildungsreform (nicht: Erziehungsreform) wäre, würde er sich diese Fragen stellen. Ich vermute (habe den Verdacht), dass er, wenn er so frei entscheiden könnte wie er wollte, trotz aller öffentlichen gegenteiligen Beteuerungen, neue Grammar Schools (Gymnasien) einrichten würde. Aber diese Entscheidungsfreiheit hat er nicht. Gefangen zwischen der Skylla einer mittelmäßigen Gesamtschule (Comprehensive School), die, wie er ganz genau weiß, kein Erfolg war, und der Charybdis von Hinterbänklern, denen der Hass auf das elitäre 11-plus Auswahlverfahren schon ins Gesicht geschrieben steht, bleibt ihm nichts anderes übrig als mannhaft zu kämpfen, um dann schließlich an der Quadratur des Kreises zu scheitern (um dann schließlich daran zu scheitern, das Unmögliche möglich zu machen).

Also haben wir Schulen, die sich spezialisieren und die in vielen Fällen nicht so viel anders sind als die mittelmäßigen Gesamtschulen; und sie sind auch, gemäß dem Amt für Bildungsstandards, darin erfolglos, diese Spezialisierung angemessen zu vermitteln. Wir haben Riesenschulen in den Großstädten, von denen jede den Steuerzahler 24 Millionen kosten kann, und die dann Resultate liefern, die nur wenig oder überhaupt nicht besser sind als die Resultate der erfolglosen Schulen, die sie ersetzen.

Die (Bildungs-) Ministerin Ruth Kelly erwartet von uns offensichtlich, dass wir in dankbarer Bewunderung über ihre Ankündigung schwelgen, dass die Regierung erfolglose Schulen schneller schließen will. Aber wodurch wird sie sie ersetzen? Wahrscheinlich durch noch mehr Großstadtgesamtschulen, die, da sie nur bis zu 10 Prozent ihrer Schüler auswählen können, die irreführende Idee von Gesamtschulen teilen, die Idee nämlich, dass Kinder, ganz gleich, welche Fähigkeiten oder welchen sozialen Hintergrund sie haben, erfolgreich zusammen in einer Klasse unterrichtet werden können.

10 Das schriftliche und mündliche Abitur

10.1 Das schriftliche Abitur

In Kapitel 8 und 9 haben wir bereits etwas geschrieben zum systematischen Lernen, zur Bewertung und Beurteilung sowie zur Stoffverteilung in der Oberstufe. Es gibt also genaue Vorschriften zu den Lerninhalten und auch zur Abiturprüfung (schriftlich und mündlich) selbst, die bei Ihren Lehrerinnen und Lehrern zu erfahren sind. Eigentlich ist es selbstverständlich, dass man weiß, was auf einen zukommt bzw. was einen erwartet.

Gehen wir einmal davon aus, dass Sie eine reine Textaufgabe vorgelegt bekommen, das heißt je einen fiktionalen und einen nicht-fiktionalen Text (bei weitem die häufigste Art der Prüfung) und nicht eine kombinierte Aufgabe (Typus A: Hörverständnis und Textaufgabe, Typus B: visuelle Vorgabe und Textaufgabe). Dann wissen Sie, dass Sie in Bezug auf Inhalt, Form und Stellungnahme eine genaue Aufgabenstellung zu erwarten haben, die je nach Kursform (LK, GK) in fünf bzw. drei Stunden zu bewältigen ist.

Sinnvoll ist es daher, sich einen Zeitplan zu machen, z. B. nach dem Muster:

	LK	GK
1.	Vertrautmachen mit dem Text und der Aufgabenstellung: bis zu 30 Minuten	Vertrautmachen: bis zu 15 Minuten
2.	Bearbeitung: – Vorschreiben: bis zu 150 Minuten – Reinschrift: bis zu 90 Minuten	Bearbeitung: – Vorschreiben: bis zu 90 Minuten – Reinschrift: bis zu 60 Minuten
3.	Korrekturlesen: Inhalt/Fehler: bis zu 30 Minuten	Korrekturlesen: Inhalt/Fehler: bis zu 15 Minuten

Viele Schülerinnen und Schüler machen schon bei der Zeiteinteilung Fehler bzw. halten sich dann nicht an die selbst auferlegten Vorgaben. Das führt dazu, dass sie in Zeitbedrängnis geraten, zum Schluss überhastet schreiben, kaum oder gar keine Zeit zum Korrekturlesen haben und somit die Fehlerzahl zum Ende hin (dramatisch) ansteigt.

Wenn Sie bedenken, dass die Grenze des Akzeptablen bei 5 % (LK) bzw. 6 % (GK) liegt, dann erkennen Sie, wie bedeutsam die Sprachrichtigkeit, das heißt der Fehlerquotient ist. Nehmen Sie sich unbedingt die Zeit zum Korrekturlesen, selbst wenn Sie dadurch ein oder zwei Gedanken weniger zu Papier bringen können. Noch einmal, letztendlich wird das beurteilt, was Sie geschrieben und nicht das, was Sie nicht geschrieben haben. Daher an dieser Stelle der Tipp: Schreiben Sie lieber weniger und das sauber, ordentlich und so korrekt und idiomatisch wie möglich! Vermeiden Sie Wiederholungen und Umschreibungen des bisher Gesagten. Das wird negativ beurteilt.

Vermeiden Sie auch »Bandwurmsätze« nach dem Motto »Je länger und komplizierter/verschachtelter, desto besser.« So schön *if-clauses* oder *reported speech* auch sind und klingen, so bergen sie doch Fehlerquellen, die man vermeiden kann. Heben Sie Ihr Ausdrucksvermögen (AV) besser und wirkungsvoller durch idiomatische Wendungen und *initiators*, *connectors* und *terminators*, die wir ab Seite 99 exemplarisch angeführt haben.

Schreiben Sie den Text angemessen, aber einfach. Lösen Sie sich auch von der Vorstellung, dass Sie Ihre Gedanken, wie Sie sie in Deutsch formulieren, so und genau so in Englisch zu Papier bringen können. Das ist oft gar nicht möglich (lexikalisch und syntaktisch) und führt zu Germanismen wie z. B.: *man as the ~~crown~~ of creation* anstatt *man as the pride of creation* oder ~~a standard of technique~~ anstelle von *technical standard* (→ auch Kapitel 2, Seite 15 ff.)

Weiterhin kann man auch bei Abiturientinnen und Abiturienten voraussetzen, dass Sie typische Fehler kennen, wie z. B. aktuell ≠ ~~*actual*~~, viele Informationen ≠ ~~many informations~~ oder viele Ratschläge ≠ ~~many advices~~.

Diese Dinge können vermieden werden, wenn Sie eine konsequente Fehleranalyse in Ihren Hausaufgaben, Referaten, Klausuren betreiben. Zusätzlich gibt es hierzu auch brauchbare Bücher (→ Literaturverzeichnis).

Doch kommen wir zurück zur Abiturklausur. Denken Sie daran, Sinnabschnitte zu machen. Das klingt banal, wird aber oft »im Eifer des Gefechts« vergessen. Beim Korrekturlesen ist es zu spät. Dieses kann man alles schon in Klausuren trainieren. Denn nicht nur was geschrieben wird, ist wichtig, sondern auch wie es zu Papier gebracht wird. Schriftbild und Aufmachung hinterlassen auch einen Eindruck. Nehmen Sie die Hinweise Ihre Lehrerinnen und Lehrer ernst. Sie sind letztlich Ihre Prüfer.

An dieser Stelle sollen noch einige Hinweise auf Bundesländer erfolgen, in denen Abituraufgaben zentral gestellt werden wie in Bayern und Baden-Württemberg.

In diesen Ländern ist im Abitur eine Übersetzungsaufgabe (Englisch-Deutsch) vorgesehen, die gesondert im Unterricht geübt werden muss. Allgemein können wir hier nur einen Tipp dazu geben: Übersetzen Sie so genau wie nötig, aber so frei wie möglich. Das heißt ein Text muss nicht wortgetreu übersetzt werden, sondern es muss der Sinn (politisch, literarisch, satirisch, ...) wiedergegeben werden. Grundlagen und Musteraufgaben hierzu finden Sie im Kapitel 4.

Weiterhin wird in diesen Ländern der Begriff Sprache enger gefasst als z. B. in Nordrhein-Westfalen. Es wird nicht nur nach sprachlicher Form, Struktur, Aufbau bzw. Komposition eines Textes gefragt, sondern nach einer Satzstruktur, einer Zeit oder grammatikalischen Phänomenen:

- "He enjoys living at home." – Explain the "-ing form".
- "They have been working all day long." – Explain the tense.
- "Cars being produced by the Germans are among the safest." – Transform into an active sentence.

Es können auch Fragen zum Vokabular gestellt werden, die dann (in Englisch) beantwortet werden müssen, z. B.:

- "It is entirely out of the question." – Find a suitable substitute for "entirely".
- "to provide" – Find the corresponding abstract noun.
- Alex: "How is business?"
  John: "It could be better."
  Alex: "When are you going to buy a new car?"
  Imagine Alex is telling Jill about this conversation later. Write down in reported speech what Alex would say.

Die Aufgabe, in der Sie Ihre Meinung dokumentieren sollen, könnte auch wie folgt aussehen:

- "Choose one of the following topics":
  - Has Germany always held a particular position in Europe after World War II?
  - Immigrants can have a positive and negative influence on a country. Comment on this with particular reference to the American situation.

Bezogen auf ein literarisches Thema könnte folgende Aufgabenstellung erfolgen:

- Comment: Choose one of the following topics:
  - "Lord of the Flies" is a "completely pessimistic novel". Discuss this point of view.
  - Take two of the symbols of the novel and demonstrate their importance.
  - Compare Jack's and Ralph's characters, goals and methods.

Diese Aufgabenstellungen stehen natürlich in engem Zusammenhang zu dem zu bearbeitenden Text. Verlangen Sie von Ihren Lehrerinnen oder Lehrern, dass sie Sie diesbezüglich genau aufklären. Sie, als die Geprüften, sollten die Prüfungsbestimmungen und Prüfungsbedingungen ebenso kennen. Diese sind in den Ländern teilweise unterschiedlich umgesetzt bzw. interpretiert.

Nicht unerhebliche Bedeutung hat auch – wie in Kapitel 2 bereits erläutert – die Handhabung und das Umgehen mit dem Wörterbuch. Deshalb noch einmal der Hinweis: Es ist nicht so einfach, das richtige Wort oder die richtige Redewendung herauszufinden. Es muss der Kontext klar sein, man muss die Wortart bestimmen können und die zahlreichen Symbole und Abkürzungen, die unterschiedlich in den Wörterbüchern verwendet werden, kennen. Das zuerst angeführte Wort ist bei weitem nicht immer das richtige.

Der Gebrauch des (einsprachigen) Wörterbuches muss daher im Unterricht und zu Hause geübt werden. Gute Verlage geben mittlerweile auch Übungsmaterialien heraus.

Gerade in der Klausur oder Prüfung steigt die Frustration, wenn ein unbekanntes Wort durch ein oder weitere unbekannte Wörter erklärt wird. Zudem haben Sie ja in der Klausur nur begrenzt Zeit, Wörter herauszusuchen.

Gute Wörterbücher können Sie anhand folgender Beispiele prüfen:

- *economic vs. economical*
- *historic vs. historical*
- *electric vs. electrical*
- *assume vs. presume*

oder anhand anderer *difficult words*, die Ihnen im Unterricht unterkommen. Fragen Sie sich: Bekomme ich die Unterschiede heraus, oder wo wird nur das eine durch das andere Wort erklärt?

Sie sehen, es ist gar nicht so einfach, gut auf das Abitur vorbereitet zu sein. Nützen Sie die Zeit, indem Sie Ihre speziellen Probleme erkennen und konsequent angehen. Es gibt Hilfen genug, suchen und nutzen Sie sie.

10.2 Das mündliche Abitur

Im Prüfungsausschuss sitzen in der Regel vier Personen: Vorsitzende(r) oder Fachbeisitzer(in). Die Prüfung wird vom Fachprüfer (Ihrer Lehrerin oder Ihrem Lehrer) durchgeführt. Allerdings können Vorsitzende(r) oder Fachbeisitzer(in) Fragen stellen. Der Beisitzer bzw. die Beisitzerin kann jedoch nur mit Zustimmung der/des Vorsitzenden fragen.

Die Prüfung gliedert sich in zwei Teile, den Vorbereitungsteil (10 bis 15 Minuten) und den eigentlichen Vortrag und das Gespräch (10 bis 15 Minuten) Daraus folgt, die gesamte mündliche Prüfung darf 30 Minuten nicht überschreiten.

Sie bekommen einen Text von etwa 300 Wörtern mit einer spezifischen Aufgabenstellung (zwei bis drei Teilaufgaben) vorgelegt, die Sie in 10 bis 15 Minuten und mündlich oder schriftlich vorbereiten können. Die Aufgaben sind so angelegt, dass im 1.Teil (Vorbereitung) zwei von den drei Bereichen Inhalt, Form und Stellungnahme abgedeckt sind. Hierzu beziehen Sie dann im 2. Teil (Gespräch) Stellung in einem zusammenhängenden Vortrag. Das Schriftliche darf allerdings nicht einfach vorgelesen werden. Der 3. Bereich wird zusätzlich im Gespräch behandelt. Hinterher werden unter anderem beurteilt:

- sicheres, geordnetes Wissen
- Verständnis, Urteilsfähigkeit
- selbstständiges Denken
- Sinn für Zusammenhänge
- Darstellungsvermögen.

Dazu müssen Sie wissen, dass sich das Gebiet nicht nur auf ein Kurshalbjahr beziehen darf, Absprachen unzulänglich sind und die Prüfung keine Wiederholung der Klausur sein darf.

Im 2. Teil (Gespräch) hängt es davon ab, wie Sie vorzensiert sind. Im oberen Bereich der Notenskala können Sie mit einigen wenigen Impulsen seitens der Prüfenden rechnen, wohingegen im unteren Bereich mehr Fragen zum reproduktiven Wissen (auswendig Gelerntes) erwartet werden können. Allerdings ist es unzulässig, zusammenhangslose Einzelfragen aneinanderzureihen.

Wenn es um ein **»sehr gut«** oder **»gut«** geht, versuchen gute Prüfer oft, einen aktuellen Bezug zur Gegenwart herzustellen, um Ihre Reaktion, Flexibilität und die Anwendung des Gelernten zu testen. Wie gut können Sie »unter Stress« mit der Fremdsprache umgehen, inwieweit »beherrschen« Sie die Sprache?

- Es kommt also auch darauf an, wie gut Sie sich »verkaufen« können. Läuft es gut, dann wird die Prüferin/der Prüfer kaum oder wenig eingreifen. Antworten Sie nur mit ein oder zwei Sätzen, dann geben Sie das Heft aus der Hand.
- Selbst bei sprachlichen Verstößen wird selten eingegriffen. Es sei denn, Sie kommen überhaupt nicht zurecht, es gibt kaum sinnvolle Ergebnisse oder Sie schweifen vom Thema ab.
- Das Gespräch sollte über größere fachliche Zusammenhänge geführt werden. Das bedeutet, dass nicht nur ein paar Fragen ganz spezifisch auf den Text bezogen gestellt werden.
- Alle Prüfungsaufgaben werden dem Fachprüfungsausschuss zwei Tage vor der Prüfung ausgehändigt, werden also nicht erst in der Prüfung selbst gestellt. Ebenfalls muss dem Ausschuss auch der »Erwartungshorizont«, das heißt die Leistungsanforderung vorliegen.

Eine »**ausreichende**« Leistung liegt vor, wenn Sie in der Lage sind, sich im Allgemeinen verständlich und zusammenhängend zu äußern. Der Wortschatz muss nicht sehr differenziert, der Vortrag/das Gespräch aber ohne häufige grobe Sprachverstöße sein. Zudem müssen Sie nachweisen, dass Sie wesentliche Informationen des Textes verstanden haben und über die Textvorgabe hinaus auch Sachkenntnisse, gegebenenfalls mit Hilfen durch die Prüfenden, aufzeigen können.

Die Benotung erfolgt folgendermaßen:
- Im 1.–3. Abiturfach: Verhältnis 1:2 (mündlich – schriftlich)
- Im 4. Abiturfach: 4:1 (mündlich – schriftlich)

Sie sehen, welches Gewicht die mündliche Prüfung im 4. Abiturfach hat.

Die besondere Schwierigkeit im mündlichen Abitur besteht darin, dass Sie als Prüfling trotz Vorbereitungszeit doch mehr oder weniger ad hoc und flexibel in der Fremdsprache reagieren müssen. Das setzt eine gute Kenntnis des Fachvokabulars, aber auch idiomatischer Redewendungen voraus und bedingt, dass Sie Ihre Meinung sprachlich gut darstellen und begründen können. Darauf können Sie sich vorbereiten. Darüber hinaus müssen Bezüge zum Text, aber auch zur Gegenwart hergestellt werden können.

Sie können die Prüfenden auch geschickt »manipulieren«, indem Sie sie durch eine kluge Gesprächsführung in eine bestimmte Richtung lenken und zeigen, dass Sie auf bestimmten Gebieten sehr fit sind. Je mehr Redezeit Sie »beanspruchen«, desto weniger hat die Prüferin oder der Prüfer Zeit, Ihnen unangenehme Fragen zu stellen. Doch übertreiben Sie es nicht, letztendlich sitzen die Prüferin bzw. Prüfer »am längeren Hebel« und können Sie unterbrechen oder zu einem anderen Thema überleiten.

In der Regel werden kurz vor der Abiturprüfung Themen wiederholt, die schon länger zurückliegen. Hieraus und aus den Gewichtungen seitens der Lehrerin oder des Lehrers können Sie eventuell erkennen, welche Gebiete und Bereiche für die Prüfung relevanter oder wahrscheinlicher sind als andere und können bei Ihren Vorbereitungen entsprechende Schwerpunkte setzen. Abschließend: Deuten Sie die Aussagen Ihrer Lehrerin oder Ihres Lehrers.

Zum Schluss möchten wir Ihnen noch Folgendes mit auf den Weg geben:

Be prepared.

Dieses Buch soll Ihnen dabei helfen.

Viel Glück bei den Prüfungen!

Anhang

Literaturverzeichnis

Zweisprachige Wörterbücher

- PONS COLLINS GROSSWÖRTERBUCH deutsch/englisch, englisch/deutsch, London Glasgow: HarperCollins, Stuttgart: Klett (^{2}1997)
- PONS COLLINS GLOBAL WÖRTERBUCH deutsch/englisch, englisch/deutsch, London/Glasgow: HarperCollins, Stuttgart: Klett (1998)
- OXFORD DUDEN GERMAN DICTIONARY German-English, English-German, Oxford: Oxford University Press, Mannheim, Wien, Zürich: Dudenverlag (1990)
- LANGENSCHEIDTS GROSSES SCHULWÖRTERBUCH Englisch-Deutsch, München: Langenscheidt (1996)
- LANGENSCHEIDTS HANDWÖRTERBUCH Deutsch-Englisch, München: Langenscheidt (^{9}1995)
- Klaus-D. Barnickel, FALSCHE FREUNDE. Ein vergleichendes Wörterbuch Deutsch-Englisch. Heidelberg: Julius Groos Verlag (1992)

Einsprachige Wörterbücher

Im Augenblick sind die gängigsten einsprachigen Lernerwörterbücher für die Oberstufe:

- LONGMAN DICTIONARY OF CONTEMPORARY ENGLISH (= DCE), London: Longman (^{2}1998)
- OXFORD ADVANCED LEARNER'S DICTIONARY (= ALD), Oxford: Oxford University Press (^{5}1995)
- COLLINS COBUILD ENGLISH LANGUAGE DICTIONARY, London, Glasgow: Collins, Stuttgart: Klett (1995)

Es gibt bereits Wörterbücher auf CD-ROM, diese sind aber mit teilweise über 200 DM noch sehr teuer. Genannt seien an dieser Stelle:

- COLLINS COBUILD on CD-Rom – Helping Learners with real English (1996), enthält Collins Cobuild English Language Dictionary, Collins Cobuild English Usage with User's Guide, Collins Cobuild English Grammar
- COLLINS COBUILD ON CD-ROM, Stuttgart: Klett
- COLLINS ELECTRONIC ENGLISH DICTION-ARY OF THESAURUS, Stuttgart: Klett

Wortschatz

- Gernot Häublein/Recs. Jenkins, THEMATISCHER GRUND- UND AUFBAUWORT-SCHATZ ENGLISCH, Stuttgart: Klett (1993)
- Sigrid Janssen/Udo Amm, THEMATISCHER WORTSCHATZ ENGLISCH, Berlin: Cornelsen (1994)
- Armin Blass/Wolf Friedrich, ENGLISCHER WORTSCHATZ IN SACHGRUPPEN, München: Hueber (1990)
- Hans G.Hoffmann/Marion Hoffmann, GROSSER LERNWORTSCHATZ ENGLISCH, München: Hueber (1997)
- H. Bodenschatz, ENGLISCHES LERNWÖRTERBUCH ZUR TEXTANALYSE, Frankfurt/Main: Diesterweg (1980)

Grammatiken

- Raymond Murphy, ENGLISH GRAMMAR IN USE, Stuttgart: Klett (1985)
  Dies ist eine Grammatik mit integriertem Übungsteil zum Selbststudium. Es gibt Ausgaben mit und ohne Lösungsteil.
- A.J. Thomson/A.V. Martinet, PRAKTISCHE ENGLISCHE GRAMMATIK, Berlin: Cornelsen (1989)

Hierzu gibt es auch zwei Übungsbücher.

- Ellen Henrichs-Kleinen, ENGLISCHE GRAMMATIK, Niedernhausen/Ts.: Falken (1995)
- E. Fleischhack/H. Schwarz/F. Vettel, ENGLISCHE GRAMMATIK, Berlin: Cornelsen (1982) Hierzu gibt es ein Test- und Übungsbuch.
- E. Werlich, A TEXT GRAMMAR OF ENGLISH, Heidelberg: Quelle & Meyer (1983)
- Gerhard Fisch/H. Künzing, ADVANCED MODERN PRACTICE, Grammatisches Übungsbuch für die Sekundarstufe II, Stuttgart: Klett (1977)
- Dieter Götz, ENGLISCHE GRAMMATIK von A–Z, Ismaning: Hueber (1997)
- Roland Zimmermann, BASISWISSEN ENGLISCH, BAND 1–3, SKG-Verlag (2003–2005) aus der Reihe »Das Lernstoff-Übungsbuch«, Grammatik, viele Übungen und Lösungsheft

Landeskunde

Umfassende und detaillierte Informationen zu allen landeskundlichen und historischen Themen finden sich in den Standard-Enzyklopädien wie ENCYCLOPAEDIA BRITANNICA oder ENCYCLOPAEDIA AMERICANA. Unter den zusammenhängenden Einführungen in die Landeskunde sind an erster Stelle zu nennen:

- Peter Bromhead, LIFE IN MODERN BRITAIN, Harlow: Longman (1993)

- Peter Bromhead, LIFE IN MODERN AMERICA, Harlow: Longman (1995)

Eher stichwortartig wird die Landeskunde in den drei folgenden – in englischer Sprache verfassten – Handbüchern dargestellt:

- Roswitha Sieper, THE STUDENT'S COMPANION TO BRITAIN: BRITISH HISTORY, GEOGRAPHY, LIFE, INSTITUTIONS, ARTS AND THOUGHT, München: Hueber (^{8}1993)
- John Randle, BRITISH LIFE AND INSTITUTIONS, Stuttgart: Klett (1992)
- Roswitha Sieper, THE STUDENT'S COMPANION TO THE USA, München: Hueber (^{5}1990)
- Douglas K. Stevenson, AMERICAN LIFE AND INSTITUTIONS, Stuttgart: Klett (1989)
- Ekkehard Spann, ABITURWISSEN LANDESKUNDE GREAT BRITAIN, UNITED STATES OF AMERICA, Stuttgart: Klett (^{7}1996)
- Richard Musman, UNITED KINGDOM?
  UNTIED KINGDOM, Serie: Britain in Focus, hg. von Peter H. Stold, Paderborn: Schöningh (1979)
  Bei diesem Titel wird die äußerst knappe Darstellung durch die zahlreichen anschaulichen, schematischen Darstellungen und vor allem auch durch die nützlichen Wort- und Sacherklärungen am Rande des Haupttextes aufgewogen.

Zur Landeskunde empfiehlt sich auch:

- Peter Freese (Hg.), TEXTS FOR ENGLISH AND AMERICAN STUDIES, Bd. 13, Paderborn: Schöningh (1983)

Neben den genannten zusammenhängenden Beschreibungen gibt es auch landeskundliche Lexika, unter denen an erster Stelle zu nennen ist:

- Isolde Friebel/Heinrich Händel (Hg.), BRITAIN – USA: A Survey in Key Words, Frankfurt/Main: Diesterweg (1991)
  Dieses Buch ist in fünf Hauptabschnitte gegliedert (Government and Society – Law – Education – Religion – Economy and Social Services), die in alphabetischer Reihenfolge zahlreiche ausführliche Artikel zu den jeweiligen Sachgebieten enthalten.

Um landeskundliche Lexika mit einer Vielzahl von kurzen Einträgen zu charakteristischen Details und wichtigen Begriffen aus Geografie, Geschichte, Politik, Wirtschaft und Kultur Großbritanniens handelt es sich bei den folgenden drei angeführten Werken (die Angaben zu den zahlreich vorhandenen Lexika sind bewusst begrenzt worden):

- Adrian Room, AN A TO Z TO BRITISH LIFE – DICTIONARY OF BRITAIN, Oxford: Oxford University Press (1992)
- Paul Fischer/Geoffrey P. Burwell, KLEINES ENGLAND-LEXIKON: Wissenswertes über Großbritannien, München: Beck (^{3}1995)
- BROCKHAUS Großbritannien/London, Wiesbaden: Brockhaus (1997)

Schließlich sei darauf hingewiesen, dass auch die enzyklopädischen Versionen des ALD und DCE in knapper Form landeskundliche, historische und biographische Informationen enthalten:

- OXFORD ADVANCED LEARNER'S DICTIONARY OF CURRENT ENGLISH: ENCYCLOPEDIC EDITION, Oxford: Oxford University Press (1992)
- LONGMAN DICTIONARY OF ENGLISH LANGUAGE AND CULTURE, London: Longman (1993)

Wenn Sie Ihre landeskundlichen Kenntnisse über Großbritannien auf den neuesten Stand bringen wollen, so kann sich auch ein Blick in den jeweils neuesten Band des regierungsamtlichen Jahresberichts empfehlen (BRITAIN 19 ...: AN OFFICIAL HANDBOOK, Her Majesty's Stationery Office, London). Vollgepackt mit Informationen sind auch die unter dem Serientitel REFERENCE PAMPHLETS erscheinenden regierungsamtlichen Broschüren, die vom Central Office of Information, Reference Division, London verlegt werden. Sie sind – ebenso wie eine Gesamtliste – beim Information Service der Britischen Botschaft erhältlich. Auskünfte erteilt auch der British Council (Hackescher Markt 1, 10178 Berlin; Beethovenstraße 15, 04107 Leipzig; Herzog-Heinrich-Straße 7, 80336 München).

Offiziellen Charakter hat auch das folgende, von der United States Information Agency publizierte Handbuch über die Vereinigten Staaten:

- Luther S. Luedtke, MAKING AMERICA: The Society and Culture of the United States, U.S. Information Agency (1991)

Es ist über die U.S.-amerikanische Botschaft in Berlin erhältlich.

Die englische und amerikanische Geschichte wird in den landeskundlichen Handbüchern meist nur sehr knapp und themenbezogen behandelt. Relativ kurze, nicht allzu schwer verständliche Gesamtdarstellungen der englischen Geschichte sind:

- Kenneth O. Morgan (Hg.), THE OXFORD ILLUSTRATED HISTORY OF BRITAIN, Oxford: Oxford University Press (1996)

- Kurt Kluxen, GESCHICHTE ENGLANDS: Von den Anfängen bis zur Gegenwart, Stuttgart: Kröner (^{4}1991), Kröners Taschenausgabe 374

Da Kluxen nur insofern auf die Geschichte von Wales, Irland und Schottland eingeht, als sie mit der Geschichte Englands verknüpft ist, empfehlen wir als Ergänzung:

- J. D. Mackie, A HISTORY OF SCOTLAND, Harmondsworth: Penguin (^{2}1987)
- R. F. Foster (Hg.), THE OXFORD ILLUSTRATED HISTORY OF IRELAND, Oxford: Oxford University Press (1996)

Auch auf die Länder des Commonwealth wird bei Kluxen kaum eingegangen. Diese Lücke füllt:

- Trevor O. Lloyd, THE BRITISH EMPIRE: 1558–1983, Oxford: Oxford University Press (1984)

Über die Geschichte der Vereinigten Staaten nachlesen kann man in:

- Udo Sautter, GESCHICHTE DER VEREINIGTEN STAATEN VON AMERIKA, Stuttgart: Kröner (^{5}1994), Kröners Taschenausgabe 443
- C.P. Hill, A HISTORY OF THE UNITED STATES, London: Arnold (^{3}1984)
- Hugh Brogan, LONGMAN HISTORY OF THE UNITED STATES OF AMERICA, London and New York: Longman (^{3}1985)

Ein Lexikon zur US-amerikanischen Geschichte mit einer Fülle von Stichworten ist:

- THE OXFORD COMPANION TO AMERICAN HISTORY, New York: Oxford University Press (1966)

Fast alle genannten Werke haben mehr oder weniger ausführliche, teilweise sogar kommentierte Bibliografien, die man bei der weiteren Suche nach Literatur nutzen kann.

Literaturkunde und -geschichte

Bei Fragen zur englischen Literaturgeschichte empfiehlt sich ein Blick in:

- E. Standop/E. Mertner: ENGLISCHE LITERATURGESCHICHTE, Heidelberg: Quelle & Meyer (^{5}1992)
- Bernhard Fabian (Hg.), DIE ENGLISCHE LITERATUR, 2 Bde. München: dtv (1991)
- Ulrich Seeber (Hg.), ENGLISCHE LITERATURGESCHICHTE, Stuttgart: Metzler (^{2}1993)

Seebers Literaturgeschichte enthält auch einen Abschnitt über die neuen englischen Literaturen außerhalb Großbritanniens und der USA. Ausführlicher kann man sich über die Entwicklung der Literatur in diesen Ländern informieren in:

- Jürgen Schäfer (Hg.), COMMONWEALTH-LITERATUR, Düsseldorf: Bagel (1981), Studienreihe Englisch 43

Über die Geschichte der amerikanischen Literatur informieren Sie sich am besten in einem der beiden folgenden Titel:

- Emory Elliott (Hg.), THE COLUMBIA LITERARY HISTORY OF THE UNITED STATES, New York: Columbia University Press (1988)
- Richard Ruland/Malcolm Bradbury, FROM PURITANISM TO POSTMODERNISM: A History of American Literature, New York: Viking (1992)

Informationen über einzelne Autoren oder Werke enthalten neben den gerade genannten Literaturgeschichten auch die folgenden sechs literarischen Handbücher und Lexika; die Vertreter der neuen englischsprachigen Literaturen außerhalb Großbritanniens und der USA sind allerdings fast ausschließlich in den beiden zuletzt genannten Titeln verzeichnet:

- Horst W. Drescher, LEXIKON DER ENGLISCHEN LITERATUR, Stuttgart: Kröner (1979), Kröners Taschenausgabe 465
- Margaret Drabble (Hg.), THE OXFORD COMPANION TO ENGLISH LITERATURE, Oxford: Oxford University Press (^{5}1992)
- James D. Hart (Hg.), THE OXFORD COMPANION TO AMERICAN LITERATURE, New York: Oxford University Press (^{6}1996)
- Boris Ford (Hg.), THE NEW PELICAN GUIDE TO ENGLISH LITERATURE, 7 Bde., Harmondsworth: Penguin Books (1982)

Diese PELICAN Bände sind nach Epochen gegliedert, von Chaucer bis zur Gegenwart. Sie enthalten ausführliche Informationen zu: sozialem und intellektuellem Hintergrund, Literaturszene und zu Autoren und Werken.

- HARENBERGS LEXIKON DER WELTLITERATUR: Autoren Werke Begriffe, 5 Bde, Dortmund: Harenberg (1994)
- Walter Jens (Hg.), KINDLERS NEUES LITERATURLEXIKON, 20 Bde, München: Kindler (1988–1998)

Über zeitgenössische Autoren informiert man sich am besten – abgesehen von der monumentalen, vielbändigen Serie CONTEMPORARY AUTHORS (Detroit: Gale) – in den folgenden Nachschlagewerken:

- James Vinson (Hg.), CONTEMPORARY DRAMATISTS, New York: St. Martin's Press (1982)

- James Vinson (Hg.), CONTEMPORARY NOVELISTS, New York: St. Martin's Press (1982)
- Rosalie Murphy (Hg.), CONTEMPORARY POETS, New York: St. Martin's Press (1980)

Außerdem sind über den British Council (Adressen → Seite 186) unter dem Titel CONTEMPORARY WRITERS Faltblätter zu zahlreichen zeitgenössischen Autoren erhältlich.

Wenn Sie vergessen haben, was literarische Termini wie z. B. »metonymy«, »epic theatre« oder »omniscient narrator« bedeuten, wie man (auf Englisch natürlich) das Metrum eines Gedichts beschreibt oder welche Grundformen des Erzählens es gibt, so schlagen Sie in einem der beiden folgenden literarischen Handbücher nach:

- Chris Baldick, THE CONCISE OXFORD DICTIONARY OF LITERARY TERMS, Oxford: Oxford University Press (1996)
- M. H. Abrams, A GLOSSARY OF LITERARY TERMS, Fort Worth: Holt, Rinehart and Winston (^{6}1993)

Interpretationssammlungen

An dieser Stelle sollen nur – stellvertretend für viele andere – die im Hirschgraben-Verlag erschienenen fünf Bände der INSIGHT-Serie genannt werden, da diese speziell für Schüler konzipiert sind:

- John V. Hagopian/Martin Dolch (Hg.), INSIGHT I: ANALYSES OF AMERICAN LITERATURE, Frankfurt: Hirschgraben (^{5}1979)
- John V. Hagopian/Martin Dolch (Hg.), INSIGHT II: ANALYSES OF MODERN BRITISH LITERATURE, Frankfurt: Hirschgraben (^{7}1987)
- Reinhold Schiffer/Hermann J. Weiand (Hg.), INSIGHT III: ANALYSES OF ENGLISH AND AMERICAN POETRY, Frankfurt: Hirschgraben (1983)
- Hermann J. Weiand (Hg.), INSIGHT IV: ANALYSES OF MODERN BRITISH AND AMERICAN DRAMA, Frankfurt: Hirschgraben (1979)
- Hermann J. Weiand (Hg.), INSIGHT V: ANALYSES OF TWENTIETH CENTURY BRITISH AND AMERICAN FICTION, Frankfurt: Hirschgraben (1983)

Die folgenden kleinen Hefte sind sehr nützlich. Sie enthalten Erläuterungen zu einzelnen Werken. Bitte erkundigen Sie sich beim Buchhändler.

- Brodie's Notes, London: Brodie Ltd.
- York Notes, Harlow: Longman Group
- Monarch Notes, New York: Monarch Press
- Coles Notes, Toronto: Coles Publishing Comp.
- Methuen Notes, London: Methuen Paperbacks Ltd.

Analyse literarischer Texte

- Louis G. Alexander, POETRY AND PROSE APPRECIATION, München: Langenscheidt-Longman (1983)
- Wilhelm Rotter/Hermann Bendl, YOUR COMPANION TO ENGLISH TEXTS, München: Manz Verlag (1988)
- Wilhelm Rotter/Hermann Bendl, YOUR COMPANION TO ENGLISH LITERARY TEXTS, volume 1: Analysis and Interpretation of Narrative Prose, München: Manz Verlag (^{9}1993)
- Wilhelm Rotter/Hermann Bendl, YOUR COMPANION TO ENGLISH LITERARY TEXTS, volume 2: Analysis and Interpretation of Poetry and Drama, München: Manz Verlag (^{6}1995)

Diese Bände sind unbedingt empfehlenswert für Textinterpretation und -analyse. Sie enthalten umfangreiches Analyse- und Interpretationsvokabular und sind speziell für die Oberstufe geschrieben.

- Geoffrey N. Leech, A LINGUISTIC GUIDE TO ENGLISH POETRY, London: Longman (^{16}1993)
  Dieses Buch ist unbedingt empfehlenswert für die Gedichtanalyse.

Übungsbücher

- William S. Allen, LIVING ENGLISH STRUCTURE. A Practice Book for Foreign Students, London: Longman (^{5}1995)
  Dieses Buch enthält einen Lösungsschlüssel.
- Michael Swan, PRACTICAL ENGLISH USAGE, Oxford: Oxford University Press (^{2}1995)
  Dieses Buch behandelt unzählige Zweifelsfälle und wird dringend zur Anschaffung empfohlen.
- Michael McCarthy, ENGLISH VOCABULARY IN USAGE, Stuttgart: Klett (^{3}1995)
- Bernhard Knop/Corienne Naumann-Breeze, WORDS IN CONTEXT – Thematischer Oberstufenwortschatz, Stuttgart: Klett (1996)
- COLLINS COBUILD GUIDES, London: Collins (1993).
  Dies ist eine Serie von Übungsbüchern zu einzelnen Grammatik- und Problembereichen, darunter ein Band zu Präpositionen.

Lernen

- Frederic Vester, DENKEN, LERNEN, VERGESSEN, München: dtv (^{23}1996)
- Robert Kleinschroth, SPRACHEN LERNEN, Der Schlüssel zur richtigen Technik, Reinbeck: Rowohlt (1992)

Dieses Buch ist empfehlenswert, da es sich auf das Lernen von Fremdsprachen bezieht.

Textgruppen, Texttypen, Textformen

- Egon Werlich, TYPOLOGIE DER TEXTE, Heidelberg: Quelle & Meyer (1979)

Fehleranalysen

- Louis G. Alexander, RIGHT WORD – WRONG WORD, Harlow: Longman (1994)
- Adrian Room, ROOM'S DICTIONARY OF CONFUSIBLES, London: Routledge & Kegan Paul (1979)
- Eric Partridge, USAGE AND ABUSAGE – A GUIDE TO GOOD ENGLISH, Harmondsworth: Penguin Books (1995)
- Frederick T. Wood, CURRENT ENGLISH USAGE, London: Papermac (1990)
- Hannelore Nuffer, ENGLISH, NOBODY IS PERFECT, Typische Fehler bei englischen Abschlussprüfungen, München: Mentor Verlag (1991)
- Heinrich Benneman/Beate Herting/Thomas Prause, TYPISCHE FEHLER ENGLISCH, Berlin: Langenscheidt (1994)
- Holger Freese, ENGLISCH, VORSICHT FEHLER, München: Mentor Verlag (^{3}1995)
- Hans Löffler/Leonard Goldman, FIND THE RIGHT WORD, Berlin: Langenscheidt (1995)

Die letzten drei Bände enthalten zahlreiche Übungen.

Übersetzung

- Wolf Friedrich, TECHNIK DES ÜBERSETZENS, München: Hueber (^{4}1997)
- Christel Hohenadl/Renate Will, INTO GERMAN, Ein systematisches Übersetzungstraining Englisch/Deutsch, München: Hueber (1994)

Fragen Sie vor dem Kauf eines Buches unbedingt Ihre Lehrerin oder Ihren Lehrer, welches Buch sie zu welchem Bereich empfehlen. Verstehen Sie dieses Literaturverzeichnis als Angebot, das nur einen kleinen Überblick über die Bücher gibt, die sich auf dem Markt befinden.

Die Preise bewegen sich zwischen 10 und über hundert Euro. Möglicherweise sind auch einige der Werke in Ihrer Stadtbücherei oder eventuell in einer nahegelegenen Universitätsbibliothek vorhanden!

A

B

C

D

F

G

I

L

M

N

P

R

S

T

U

W